国家高端智库
NATIONAL HIGH-END THINK TANK

上海社会科学院重要学术成果丛书·专著

适宜常规公交的城市道路网络结构

The Suitable Structure of
Urban Road Network for Normal Bus Transit

陈晨／著

上海人民出版社

本书出版受到上海社会科学院重要学术成果出版资助项目的资助

本研究获国家自然科学基金项目"高密度城区路网拓扑结构定量评价方法及规划技术研究——基于公交优先的视角(项目批准号：51908354)"的支持

谨以此书献给我的母校同济大学

以及我尊敬的导师——同济大学建筑与城市规划学院宋小冬教授！

总　序

当今世界，百年变局和世纪疫情交织叠加，新一轮科技革命和产业变革正以前所未有的速度、强度和深度重塑全球格局，更新人类的思想观念和知识系统。当下，我们正经历着中国历史上最为广泛而深刻的社会变革，也正在进行着人类历史上最为宏大而独特的实践创新。历史表明，社会大变革时代一定是哲学社会科学大发展的时代。

上海社会科学院作为首批国家高端智库建设试点单位，始终坚持以习近平新时代中国特色社会主义思想为指导，围绕服务国家和上海发展、服务构建中国特色哲学社会科学，顺应大势，守正创新，大力推进学科发展与智库建设深度融合。在庆祝中国共产党百年华诞之际，上海社科院实施重要学术成果出版资助计划，推出"上海社会科学院重要学术成果丛书"，旨在促进成果转化，提升研究质量，扩大学术影响，更好回馈社会、服务社会。

"上海社会科学院重要学术成果丛书"包括学术专著、译著、研究报告、论文集等多个系列，涉及哲学社会科学的经典学科、新兴学科和"冷门绝学"。著作中既有基础理论的深化探索，也有应用实践的系统探究；既有全球发展的战略研判，也有中国改革开放的经验总结，还有地方创新的深度解析。作者中有成果颇丰的学术带头人，也不乏崭露头角的后起之秀。寄望丛书能从一个侧面反映上海社科院的学术追求，体现中国特色、时代特征、上海特点，坚持人民性、科学性、实践性，致力于出思想、出成果、出人才。2021年首批十二本著作的推出既是新的起点，也是新的探索。

学术无止境，创新不停息。上海社科院要成为哲学社会科学创新的重要基地、具有国内外重要影响力的高端智库，必须深入学习、深刻领会习近平总书记关于哲学社会科学的重要论述，树立正确的政治方向、价值取向和学术导向，聚焦重大问题，不断加强前瞻性、战略性、储备性研究，为全面建设社会主义现代化国家，为把上海建设成为具有世界影响力的社会主义现代化国际大都市，提供更高质量、更大力度的智力支持。建好"理论库"、当好"智囊团"任重道远，惟有持续努力，不懈奋斗。

王德忠

上海社科院院长、国家高端智库首席专家

前　言

在具有空间高密度特征的大城市内部,发展公共交通,不但能够缓解交通压力,提高能源利用效率,减少碳排放,还有利于提升出行的便利性和公平性。因此,学界普遍认为发展公共交通是促进城市交通可持续发展的重要手段。近年来,城市轨道交通在我国大城市的公共交通发展中所承担的比重和作用日益增强。轨道交通具有速度快、时刻准、运量大等优势,但是常规公共交通(公共汽电车)所具有的相对较低的建设成本、高密度的站点覆盖率、灵活的运行安排、较强较易的步行可达性、相对较低的运营成本等优势依然明显。与轨道交通不同,常规公交的运行尤为依赖城市道路网络的建成条件,城市道路网络结构从等级、密度、拓扑结构等角度对常规公交的良性运营起到关键的影响作用。城市路网的规划设计是城市规划与设计的重要工作内容,因而也能够成为促进公共交通良性发展的有效规划手段。

本书聚焦适宜常规公交发展视角的城市道路网络结构,选择上海作为主要研究对象。首先,对城市的道路路段的等级、城市路网密度与常规公交的站点设置情况进行分析。其次,对城市道路网络的拓扑结构特征进行量化评价,选择中间性作为关键指标进行分析,结合重要参数的比较分析,发现该指标对于常规公交线路布局的重要影响。进一步地,探索性地提出一个道路等级、路网密度、拓扑结构属性进行综合评价分析的方法,用于测度城市道路网络结构的常规公交适宜性。最后,结合城市空间布局特征(居住与就业空间分布、开发强度等)进行路网结构公交适宜性的评价分析。

　　本书内容包括基于文献的理论和方法回顾，也有分析方法与技术的探索，亦有基于城市实际路网数据和公交数据的案例实证。对于分析方法和分析过程的介绍，本书的阐述较为详细，穿插了大量的分析数据，表达方式上图文并茂，相对较为直观，以便于读者理解。对于开展本研究所需要的数据要求、工具平台等条件，本书亦有详细的介绍，便于感兴趣的读者参考借鉴。

　　本书基于本人在同济大学城市与建筑规划学院攻读博士学位期间形成的博士学位论文部分内容的基础上进一步修改完善而成。这项研究目前仍在继续开展，也是值得共同努力的方向。欢迎关注这一领域议题的学者、工程师，以及所有感兴趣的读者批评指正，共同交流、探讨与进步！

作　者

2022 年 1 月

目　录

第一章
引　言

　　本书所谓的常规公交一般指基于公共汽（电）车运营的公共交通方式。常规公交在我国的大城市的公共交通系统中仍然具有重要的地位。城市道路网络硬件的建设水平是支撑常规公交运行的基本条件。因此，本章首先讨论开展城市道路网络结构对于常规公交适宜性这项研究的必要性。

第一节　研　究　背　景

　　中国大城市的中心城区普遍具有高密度发展的特征。在高密度城区内部，居住、就业、休闲等活动高度集聚，因此产生的大量交通出行活动也会高度集中在这一区域。近年来，城市交通拥堵问题已经不仅局限于北京、上海、广州等一线或者二线城市，而是几乎成为所有大城市需要共同面对的问题。相比于小汽车交通，城市公共交通能够为更广大的市民群体提供出行服务，同时还有利于集约使用城市中有限的交通空间资源，因而被普遍认为是能够促进城市可持续发展的"绿色交通"方式。

　　因此，中国大城市具有优先发展城市公共交通的现实需要。近年来，国务院、交通运输部先后出台了一系列鼓励优先发展公共交通，建设"公交都市"的引导政策与技术文件①。2010年,交通运输部与深圳市政府共建"公交都市"示范城市,并分别于2012年和2013年分两批次公布了"公交都市"建设示范工程创建城市②。2017年,国家公交都市建设示范工程启动验收工作。截至2021年7月,共有33个城市被命名为"国家公交都市建设示范城市"。

一、常规公交是城市公共交通的重要组成部分

随着科学技术与社会经济的发展,城市公共交通的种类也日益丰富,包括公共汽电车、轨道交通、快速公交等。

公共汽电车交通是一种广泛分布于各等级城市内的公共交通方式,以城市道路为运营空间。本书所称之常规公交一般指公共汽电车为载体的交通方式。公共汽电车交通具有建设成本较低、运营成本低、线路调整灵活、运量较低等特点。城市轨道交通是一种在规模较大、经济发展较好的城市内部常见的城市公共交通方式,依托专门建设的轨道运营。与公共汽电车交通相比,城市轨道交通具有运量较大、运营速度较快、独立路权的优势,但也有建设成本高、建设周期长、运营成本高、线路灵活性不足、线网密度相对较低等缺点。除了上述公共交通方式,还有快速公交(BRT)、索道等形式的城市公共交通。

公共自行车是一种相对新兴的交通方式。按停车模式分,公共自行车分为有固定借还车桩点、无固定借还车桩点两种。公共自行车的优点是节

---

① 国务院2012年发布《国务院关于城市优先发展公共交通的指导意见(国发〔2012〕64号)》,http://www.gov.cn/zwgk/2013-01/05/content_2304962.htm;交通运输部2011年发布《关于开展国家公交都市建设示范工程有关事项的通知(交运发〔2011〕635号)》,http://www.gov.cn/gzdt/2011-11/29/content_2005516.htm,交通运输部2014年发布《城市公共交通规划编制指南》,http://www.gov.cn/gongbao/content/2015/content_2835276.htm。

② 《交通运输部与深圳市政府共建"公交都市"示范城市》,http://www.gov.cn/gzdt/2010-11/12/content_1743856.htm;《交通运输部关于公布公交都市建设示范工程第一批创建城市的通知(交运发〔2012〕550号)》http://zizhan.mot.gov.cn/zhuantizhuanlan/gonglujiaotong/gongjiaods/wenjiangg/201311/t20131121_1516057.html;《交通运输部关于公布公交都市建设示范工程第二批创建城市的通知(交运发〔2013〕652号)》,http://zizhan.mot.gov.cn/zfxxgk/bnssj/dlyss/201311/t20131122_1516513.html。

能环保、有利于健身等,配合常规公交使用可以解决"最后一公里"的问题;其缺点也很明显,其使用时间受到天气、地形条件、骑车者身体素质、停放空间限制等因素的影响。

在中国,中小城市及 300 万人口以下的大城市,多数未建设城市轨道交通,公共汽电车交通一般是最主要的城市公共交通方式;在 300 万人口以上的大城市中,不少城市已经建成并运营了城市轨道交通。以北京等九个城市为例,统计 2015 年的公共汽电车和城市轨道交通的客运总量,计算公共汽电车客运量所占的比例(表 1.1)。九个城市中比例最低的是上海(45.4%),最高的是天津和成都(84.5%),平均值达 71.5%。

上海是中国城市轨道交通建设规模及客运总量处于前列的城市。比较 2000 年至 2015 年上海的公共汽电车的客运总量及占城市公共交通客运总量的比例的变化趋势(图 1.1),从 2000 年至 2015 年,随着城市轨道交通的发展,公共汽电车客运总量占比逐年降低。不过,公共汽电车客运量虽然相对比例下降,但是绝对量仍保持相对稳定,维持在每年 27 亿人次左右的水平。

以上数据统计的城市均为特大城市或超大城市,在城市轨道交通有运营的情况下,公共汽电车客运量仍普遍超过城市轨道交通客运量,可见即使

表 1.1　2015 年部分城市公共汽电车和城市轨道交通客运量及公共汽电车客运量占比

(客运量单位:亿人次)

	北京	天津	沈阳	上海	武汉	广州	重庆	成都	西安
公共汽电车客运量	40.60	15.70	10.50	25.49	14.83	25.50	26.74	18.41	16.10
城市轨道交通客运量	33.24	2.87	2.78	30.68	3.56	24.07	6.32	3.39	3.42
公共汽电车客运量占比	55.0%	84.5%	79.1%	45.4%	80.6%	51.4%	80.1%	84.5%	82.5%

资料来源:2016 年出版的各城市统计年鉴。

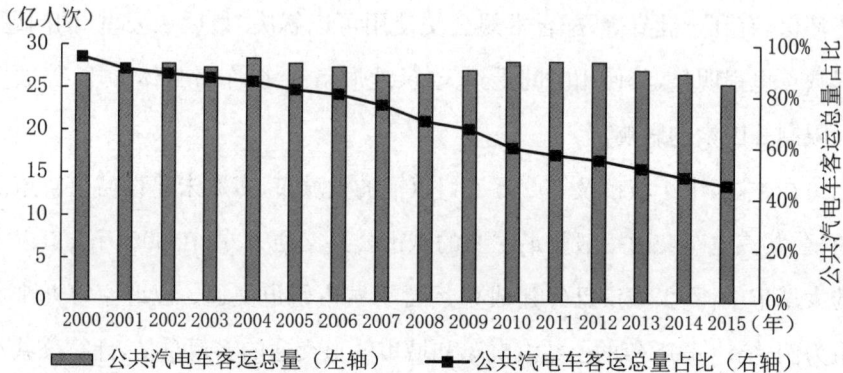

资料来源：2001 年至 2016 年间各年份出版的上海统计年鉴。

图 1.1　2000 年至 2015 年上海市公共汽电车客运总量及占比变化

在特大或超大城市中，目前公共汽电车运输在公共交通中仍占重要地位。在今后可预见的一段时间内，特大（超大）城市的公共汽电车交通仍会与城市轨道交通共存，协调发展，发挥各自的优势。城市轨道交通可以在运输距离、速度上发挥优势；公共汽电车在覆盖密度、建设和运营成本等方面发挥优势。

公共汽电车交通是城市公共交通的重要组成部分，也是本研究的主要对象。公共汽电车交通一般也可称为常规公交（Normal Bus Transit），与快速公交（Bus Rapid Transit）、城市轨道交通（Urban Rail Transit）等相区分。若无特殊说明，后文中所述的公交专指常规公交。

二、城市道路是满足常规公交布局与运行的基本建成条件

城市道路是满足城市内部机动车、非机动车、步行者出行的基础设施。公共汽电车是机动车的一种，在常规公交布局阶段，线路、站点必须依托城市路网进行规划；在常规公交运营阶段，汽电车只能行驶于城市道路空间，因此合适的道路条件是公交线路运营的前提。

无论是规划学术研究、规划技术标准制定，还是法定规划编制，城市道路网络条件在公交布局和运行中承担的重要角色均日益得到重视。

关于城市道路对于常规公交的关键支撑作用及影响机制,近年来我国的不少学者已有一定深度的讨论(陈小鸿,2007;弓福,2010;李星,2010;叶彭姚,2012;刘颖,2012;叶茂,2013;石飞,2015;熊鹏,2016)。这些研究从路网结构体系、路网密度、路网形态等角度讨论了与公交适宜性之间的关系。

在我国的国家或地方技术标准中,对于道路条件、公交线路、设施设置间的关系,也有所涉及[①]。例如,《城市道路交通规划设计规范(GB50220-95)》中,规定了市中心区和城市边缘地区应达到的公共交通线路网密度(每平方千米城市用地面积上有公共交通线路经过的道路中心线长度)。显然,若相应地区的城市路网密度低于技术标准中所规定的公共交通线路网密度,则道路条件的供给低于公交运营的需求。此外,技术标准中还强调了支路、次干路等中低等级城市道路应满足公交行驶的要求。

近年来,我国编制的城市总体规划也日益重视道路条件对于公共交通支撑功能,关注重点通常为路权优先,至于路网结构如何优化则缺少具体内容。例如,《上海市城市总体规划(2017—2035)》提出:提升干线道路服务功能以提升对区域间公共交通的服务能力;逐步优化路权分配以建立公交专用道;优化主城区重点更新地区和新城的路网结构,提高基础路网密度,加强利用公共通道空间以提高慢行交通可达性和路网组织的灵活性。[②]

三、城乡规划日益重视方法和技术的更新进步

随着计算机与互联网技术的发展,城乡规划方法与技术也随之不断更新与进步。技术的进步对于提高包括城市道路网络分析在内的规划研究方法的科学性与高效性带来了机遇。在城市道路作为支撑常规公交布局和运行的基

---

① 其包括:国家技术监督局、中华人民共和国建设部,城市道路交通规划设计规范(GB50220-95);中华人民共和国住房和城乡建设部,城市道路工程设计规范(CJJ37-2012);北京市规划委员会、北京市质量技术监督局,城市道路空间规划设计规范(DB11/1116-2014);北京市质量技术监督局,城市道路公共服务设施设置规范(DB11/T 500-2007)等。

② 资料来源:上海市人民政府,《上海市城市总体规划(2017—2035)》,2018年1月。

础条件的前提下,在"公交优先"理念从顶层设计开始日益重视并贯彻的背景下,从常规公交适宜性的角度,对城市路网结构进行评价,并引导路网结构优化有其研究的必然性。技术的进步则为这一工作带来了能够实现的契机。具体来看,技术进步带来的机遇包括方法改进的机遇、数据获取的机遇。

1. 方法和技术不断发展

以往受到方法与技术的限制,技术规范或者城乡规划编制文件对于城市路网的结构的控制以定性为主,定量指标及控制手段比较有限。

包括路网评价在内的城市规划分析与研究绝大多数需要基于图纸进行,地理信息系统(GIS)给这一需求提供了技术平台的支撑。相当比例的规划支持系统直接或间接地依托于 GIS 平台,例如土地使用规划支持系统、强度分区规划支持系统、选址配置模型及应用、元胞自动机模型及应用等(Yeh,1996,2002;钮心毅,2008;薄力之,2017)。GIS 为规划支持系统提供了数据处理、模块应用与开发、结果输出的平台,为提高决策过程的透明度、参与度,提高分析过程的工作效率,提高分析结果的可靠性提供了技术支撑。

随着以 GIS 平台为支撑的规划支持系统研究的不断进展,其积累的经验给城市路网评价的研究提供了重要启示。除了规划支持系统,社会网络分析法、空间句法等技术方法的不断改进也为提出和完善路网评价方法提供了多方面的借鉴意义。

2. 数据获取条件不断改善

受到数据获取条件的限制,以往的研究在空间尺度、时间跨度、属性维度等层面存在诸多的客观局限,束缚了相关的学术研究的开展。

近年来,互联网地图数据的不断丰富与开放,使大尺度、高精度的数据获取的难度降低。以公交数据为例,全国范围内的公交站点数据的获取已无技术障碍,为相关研究提供了必要的基础数据支撑(李苗裔,2015)。随着技术的发展,互联网地图以外,诸如移动定位数据、通信数据、刷卡数据、社交签到数据等也越来越多地应用到行为活动及城乡规划领域的学术研究中

（Ratti，2006；Krisp，2010；钮心毅，2014；Sagl，2014；张子昂，2015；王德，2015；唐佳，2016；陶遂，2017；钮心毅，2017；孙世超，2017）。随着数据来源新渠道的不断开辟，这些数据与传统数据（诸如城市规划用地、人口、经济普查等）相结合具有较好的科研与实践应用前景。

第二节　研　究　目　的

本书聚焦适宜常规公交的城市道路网络研究，研究目的主要包括三个方面。

一、从定量分析的视角进一步认识城市道路网络结构特征对常规公交布局的影响对城市道路网络结构的三大属性，即道路等级、路网密度、路网拓扑结构开展定量研究。分别从三大属性入手，通过实际案例数据的分析，探究道路网络结构特征对常规公交的站点、线路布局是否有影响？如果结果是肯定的，则探究三大属性的具体影响。道路网络结构的三大属性是相互联系的，因此进一步从路网结构整体特征的视角，认识路网总体结构对于常规公交布局的影响。

二、从实践应用的视角开展城市道路网络结构公交适宜性的评价方法与技术研究本研究亦尤为重视面向城市规划路网结构设计工作的实际应用需求。因此，需要从实践应用的视角出发，提出适用于城市总体规划层次（包括综合性规划和聚焦道路网络和公共交通的专项规划）的，响应常规公交优先导向的城市道路网络评价方法。在路网结构量化评价方法的基础上转化形成适用于城市路网规划设计的辅助决策方法及操作应用路径，为相关规划工作提供辅助决策支持。

三、从指标指引的视角分析得出影响路网常规公交适宜性的关键参数和数值区间从城市道路网络结构的三大属性入手，分析发现与公交优先导向密切相关的路网结构指标和参数。基于相关指标和参数原理深入分析的基础上,明确定量指标数值的意义和适用范畴,并进一步给出相关参数的选择或数值区间建议,给规划实践工作或者相关技术规范编制工作提供借鉴参考。

第三节　研　究　内　容

一、研究范围限定

本研究的内容需要从空间尺度等多方面进行限定,从而聚焦研究视角,解决关键问题。

1. 空间尺度——城市总体规划层面

本研究在城市总体规划的空间尺度进行评价方法的讨论与现状案例的分析。在方法的应用阶段,同样针对城市总体规划的空间尺度,与总体规划空间尺度相当的专项规划工作也在适用范围内,例如城市总体的路网布局规划、城市总体的强度分区规划等。

2. 城市规模——以大城市及以上等级的城市为主

本研究所使用的现状数据的案例城市以大城市(含特大、超大城市)为主。大城市由于路网、公交均有一定的规模,具有样本的数量优势。大数量样本可以较大程度地降低一些特殊、偶然因素的影响。

本研究不以中小城市为主要研究对象主要基于以下四个方面的考量。第一,一些规模较小的城市,城区内步行和非机动车常能满足较大比例的出行需求,公共交通的需求不迫切。这类城市的公共交通运输企业的关注重点往往在城区与乡镇、临近县市方向的交通需求,而非城区内部的需求。第二,受小城市路网规模有限的影响,公交线路可选的路网路径有限。即便某一段道路等级较低、路况条件、区位条件较差,但附近区域难以找到合适的备选路径,公交线路仍不得不择其行驶。第三,在一些中小城市,城内的主要交通吸引点较少,与大城市相比,公交线路更容易受个别特殊交通吸引点(例如火车站)的影响。第四,与大城市公交运营公司相对较多的情况不同,中小城市公交公司数量较少(甚至只有一家),城区线路可能和郊区线路、城乡公交合并,并且公司运营的专业能力、财务水平等特殊和偶然因素的影响也比大城市明显。总而言之,从路网特征来看,相比于中小城市,大城市内部的路网结构特征的多样性明显,可以为研究提供丰富的路网结构类型支撑。

因此,为了提高评价方法的合理性与现状数据分析结论的可靠性,本研究选择大城市为主要研究对象。但经由大城市案例研究得出的评价方法和分析结论同样可以为中小城市提供参考与借鉴。

3. 空间范围——以城区为主

包括大城市在内的各级城市,其空间通常范围包含城区、郊区、乡村等区域(沿城区边界切块设市的情况在现今较为少见)。郊区、乡村区域的人口、就业、建设用地等分布相对分散,且路网较为稀疏。在这一区域,城区方向的出行联系需求可能占了较大比重,乡村之间的联系需求可能并不高,并且受到路网条件限制,公交线路可选择的路径也较为有限。因此,本研究针对的城市的空间范围以城区为主,但是针对城区研究得出的评价方法和分析结论也可以给郊区和乡村区域提供参考和借鉴。

4. 路网结构的内容

本研究关注的空间尺度为城市总体的宏观尺度,路网结构的内容主要包括道路等级、路网密度、网络拓扑结构等,讨论的空间尺度与城市总体规划相对应。研究不涉及交叉口展宽与渠化、街坊出入口控制、等候站台、站牌和指示牌的设计、首末站的选址、保养场的布局、道路空间内的公共服务与市政设施的设置等详细规划或道路施工设计层面的需涉及的内容。

5. 公交的研究范围

本研究侧重于常规汽电车公交,城市轨道交通(包括地铁、轻轨、单轨等不同形式、不同运量、不同运营速度的种类)、BRT 等形式的快速公交和常规公交存在竞争和换乘的双重关系,不作为本研究的重点。常规公交线路之间的具体换乘方式也不是本研究的重点。

另外,本研究在讨论公交时,不深入运营管理等问题,只将运营的物质结果作为研究对象。毋庸置疑,公交运行及站点、线路的设置受到运营及相关因素的影响,例如公交企业的运营水平限制、资金条件的约束等。本研究聚焦于路网的物质建成条件,且在同样的运营条件的背景下,道路网络的物质条件的区域性差异也能反映出对于公交影响的区域性差异。因此,本研究不涉及运营相关问题的讨论,仅将公交运营的物质结果,即总体布局层面的公交线路和站点的设置作为研究对象。

二、关于适宜性

1. 基本假设前提

本研究的基本假设前提是:路段上(或区域内)公交站点和线路的设置情况反映了该路段(或区域)的公交适宜性,一般情况下,设置数量较多(或设置密度较大),公交的适宜性较高。

2. 影响适宜性的可能因素

若一个路段上公交站点和线路设置密集,可能包括但不限于以下因素:(1)道路等级高,路段通行能力强;(2)路段区位好,路段位于城市的核心地区;(3)周边路网中缺少合适的路段分担公交通行功能;(4)附近区域居住或就业、商业密度高,公交需求高。反之,若一个路段上公交站点和线路极少(或完全没有),可能有以下因素:(1)道路等级低,路段通行能力低;(2)路段区位不好;(3)路段周边存在较多的条件较好的道路;(4)附近区域居住或就业密度低。由此推测,路段的等级、通行能力、道路成网性、区位等因素共同作用,影响着路段与路网的公交适宜性。

从区域视角看,路网的属性特征作为一个整体,更能表现出对公共交通的影响。以极端情况为例,若一个区域人口密度很高,出行需求较大,但是区域内的道路全部是无法正常通行公共汽电车的"羊肠小道",则无论该区域的出行需求、区位条件如何,该区域的路网的公交适宜性均极低,造成的后果就是公交服务能力远低于需求。

上述讨论涉及的路段等级、路网条件、区位及所处地区的需求密度等情况都是本研究所需涉及的内容,且需要在后文深入讨论。

3. 公共交通与小汽车交通

道路条件在影响公共交通的同时,也会同时影响包括小汽车在内的其他交通形式。一般来说,不存在(或者说无法设计出)仅适合公交行驶而不适合小汽车行驶的路段。适宜公交行驶的道路通常也同时适宜小汽车行驶,此时,"公交优先"的引导政策就应发挥作用,分配更多的道路空间使用权给公共交通。限制小汽车使用的具体措施,例如通行路权、停(泊)车、号牌限制等措施可体现公交优先,但不是本研究所关注的重点。

与小汽车交通相比,公共交通更加需要考虑"集体"利益。假设一个路段位于郊区、路段建设条件与周边路段相比没有优势、周边仅有几户居民,该路段可能难以维持一条公交线路。从公共服务的价值取向看,公共交通的目的是满足群体的出行需求;从经济效益的角度看,极低的客源难以支撑线路的运营开支。当路段的公交适宜性高时,有可能小汽车出行的适宜性也高,但是当路段的公交适宜性较低时,出行者会更加依赖小汽车,降低公交的竞争力。

三、主要研究内容

1. 理论与方法研究

对国内外已有的道路及网络评价方法进行分析,讨论其适用性。提出针对本研究涉及的路网公交适宜性评价方法,首先提出针对城市路网几个具体特征属性的评价方法,然后基于一个总体框架对具体评价方法进行整合。基于合适的平台展开分析方法和技术的探讨。

2. 案例数据研究

选择大城市的路网与公交数据作为现状案例数据。在评价方法的讨论阶段,并行现状案例数据分析。一方面,现状数据的分析结果可以为方法探讨阶段的工作提供改进方向的启示;另一方面,通过不断探讨改进的方法进行的现状数据的分析结果可以揭示抽象后的路网相关指标对于公交适宜性的作用机制。

3. 应用示例研究

选择城市总体规划层面的相关案例,基于上述评价方法展开应用研究,旨在提高路网评价方法的适应性,使之能够适应城市空间非均衡布局状态下的应用需求。选择合适的切入点,联系具体规划实践的问题,进行方法的应用路径探索。

第四节　研究意义

本研究的主要意义在于:通过城市路网结构的评价分析方法的探索,兼以城市案例数据的分析来实证方法的适用领域,以提升路网建设与常规交通发展领域对路网结构合理性的重视程度,同时能够为相关的规划工作提供可参考、可借鉴、可操作的应用方法。

对于城市路网规划与建设来说,这是一项既有严格技术要求,同时又涉及广泛公众利益的创造性工作。在发展绿色交通方式,满足最广大市民群体交通出行的公平性和便利性的价值导向下,本研究所提出的问题和分析结论也许能够为该领域下相关决策提供参考与支撑。此外,本研究的方法探讨过程中通过现状数据案例分析得到的一些关键参数与指标也能够为相关技术规范的补充或调整提供参考。

对于公交优先发展来说,本研究能够在既有的若干促进手段中,为相关决策提供一个促进常规公交良性发展的不同视角和实践切入点。需要说明的是,对于公交线路布局和运营来说,"公交优先"有多种策略,例如:使用财政补贴公交运营企业;限制小汽车的行驶与停(泊)车;发展专有路权的快速公交等。本研究所提出的优化城市道路网络的建成条件和上述策略是相互兼容、共同促进发展的关系。

对于城市总体规划层面的路网规划设计工作来说,本研究以期能够在传统的经验式规划方案设计方法与新兴的技术辅助决策手段之间搭建一条高效便捷的实用桥梁,能够在城市路网的公交适宜性的角度,辅助提升规划设计方案的科学性与前瞻性。城市路网方案既不能被视作天马行空的艺术创作,也无法纯粹依赖参数和数学模型自动生成。在同一个城市总体规划层面的路网规划工作中,当客观条件和规划要求相同时,不同规划师出于不同的规划理念,以及个人思维习惯、经验积累等因素,所提出的城市路网和用地方案往往各具千秋,需要进行多方案比选。方法与技术手段的支撑是比选过程中方案择优并不断地修改并完善的重要依据。

第二章
文献综述

不同历史时期的城市路网布局具有鲜明的时代特征,这与当时的经济、技术、生活方式等因素密切相关。机动车的出现对于现代城市路网格局的形成具有关键影响。随着人类对于绿色、低碳、可持续理念的日益重视,促进包括路网结构在内的城市空间布局与公共交通相互协调发展成为高密度地区大城市普遍采取的做法。通过优化路网结构来促进公共交通发展是最为直接的手段之一,也逐渐成为相关领域学者聚焦讨论的方向。

第一节　城市路网布局理念的变迁

一、适应机动车需求的历史转变

城市空间和路网布局形式的演变与社会经济、科学技术的发展水平密切相关。19 世纪末汽车工业的出现与发展直接促成了传统城市的路网建设的变革。[①]在汽车时代之前,城市路网的布局以满足步行、马车等通行方式为主;进入汽车(机动车)时代后,为了适应机动车辆行驶的新要求,城市路网和空间布局发生了巨大的改变。

---

① 1885 年,德国工程师卡尔·弗里特立奇·本茨(Karl Friedrich Benz)研制成功世界上第一辆以汽油为能源的内燃动力汽车。

关于交通方式对于城市空间布局形式的影响,西方学者已有详尽的讨论(Schaeffer,1980;Newman,1996)。纽曼(Newman,1996)将历史上的城市交通与布局模式分为三类:(1)步行城市,以1850年以前的欧洲城市为代表,特点是高密度、功能混合、有机结构;(2)有轨公共交通联系的城市,以1850年至1940年间的工业化国家城市为代表,特点是中等密度、功能混合、中心集聚性;(3)小汽车城市,以1940年以来的多数美国、澳大利亚城市为代表,其特点是低密度、功能区独立、布局分散等。

在20世纪初,一些城市规划实践与思想家在提出规划方法与思想时,对于小汽车交通的作用较为推崇,并针对日益增加的小汽车交通,提出了一些应对措施与思考。例如,1922年,法国建筑师勒·柯布西耶(Le Corbusier)为巴黎做出理想化的"300万人口的现代城市"方案时,引入了工业化思想,面对日益增加的机动车交通,主张采取增加道路宽度,组织立体交通等手段;20世纪30年代,美国建筑师弗兰克·洛利德·怀特(Frank Lolyd Wright)提出广亩城市(Broadacre City)的构想时,推崇小汽车的交通方式,主张居住分散,并使大都市消亡(李德华,2001)。城市规划兼建筑师的克拉伦斯·斯坦(Clarence Stein)和亨利·怀特(Henry Wright)于1928年规划了位于美国的雷德朋(Radburn)新镇,面对小汽车时代的来临,为了兼顾小汽车交通需求与住区环境要求,提出了人车分离的路网规划模式,但是该模式一定程度上忽视了公共汽车的运营(叶彭姚,2009)。

总体来看,机动车的出现与发展对城市路网布局产生重要的影响。从服务个体与群体两个角度,机动车交通可以分为小汽车和公共汽电车交通。在机动车时代的背景下,受各种因素的影响,不同的城市(或城市内的不同区域)发展并形成了不同的路网结构形态与相应的城市空间布局模式,客观上形成了小汽车或公共汽电车交通为主导的不同结果。

二、绿色与低碳理念的日益重视

20世纪末以来,绿色与低碳的发展理念在全球层面日益得到各国的重视。小汽车交通被普遍认为是不够环保、不够集约利用能源、浪费道路空间资源的交通方式，不符合绿色和低碳发展的理念。过去过分重视小汽车交通所带来的"城市蔓延"、低密度扩散等弊病也开始凸显。与此同时，包括步行、非机动车、公共交通在内的绿色交通出行方式则日益得到推崇（潘海啸，2008）。在这一背景下，城市规划理念逐步开始转变，也带来了路网布局等领域具体设计观念的变迁。

于20世纪90年代兴起的新城市主义思想（New Urbanism）是对依赖小汽车交通的美国郊区化带来弊端的反思（Katz, 1994）。新城市主义重视公共领域的重要性，重视人的空间尺度，提倡街区应满足步行尺度的需求，认为公共交通应与土地使用模式相协调。以新城市主义为导向的开发有两种模式：以公共交通为导向的开发模式（Transit-oriented development，简称 TOD）和传统的邻里开发模式（Traditional neighborhood development，简称 TND）。

由考尔索普（Calthorpe, 1993）首次提出的 TOD 模式的主要思想是，以公交节点（如公交站点、轨交站点）为中心，围绕节点紧凑开发的、功能相对混合的、道路满足步行需求的街区。TND 模式以邻里为基本单元，每个邻里的半径不超过1/4英里，邻里之间以绿化分隔，每个邻里的中心布置会堂、幼儿园、公交站、商店等公共服务设施（邹兵，2000）。从路网的组织形式上看，TOD 多以站点中心，进行放射性的路网布局；而 TND 模式在邻里内部多以网格状方式布局路网。

紧凑城市（Compact City）是欧洲共同体倡导的一种理论构想，该理论主张城市高密度开发、土地使用功能混合、公交导向发展（Morrison, 1998；Jenks, 2003）。紧凑城市的理论于20世纪90年代开始流行，试图通过其主张实现遏制城市无序蔓延、合理利用有限资源、创造宜人社区空间、促进可持续发展的目的。

由此可见，无论在美国兴起的新城市主义，还是欧洲倡导的紧凑城市，两者在具体目标上有一定的一致性，均反对城市盲目无序地扩张（城市蔓延的一大诱因是小汽车的滥用）；在行动导向上也具有相当程度的重合，例如重视街区的宜人尺度、提倡土地混合使用，以及优先发展公共交通。在上述思想引导下，艾普尔亚德（Appleyard，2005）、巴德兰德（Badland，2008）、曹（Cao，2009）等均倡导城市应当为绿色交通出行提供合适的基础设施条件和空间环境。绿色、低碳、可持续发展理念的发展对城市路网布局理念产生了较为深刻的影响。

第二节　路网结构与交通方式

道路网结构包括等级结构、功能结构、布局结构等内容（石飞，2016）。前文已说明，路网结构特征受到不同时期的科技、经济等因素的影响。马歇尔（Marshall，2005）对中世纪以来西方四个典型时期的路网模式进行了总结，对应的时期分别是中世纪、20世纪中前期、20世纪中期，以及20世纪中后期（图2.1）。

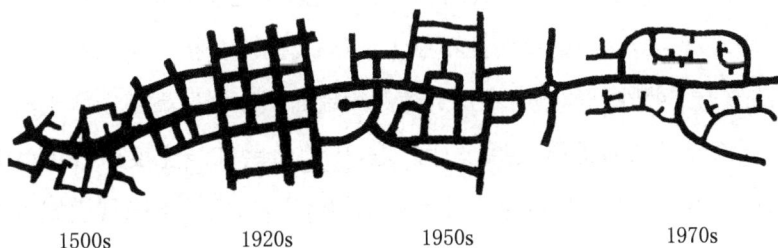

| 1500s | 1920s | 1950s | 1970s |

图 2.1　四个典型时期的西方路网模式（Marshall，2005）

不同的路网模式对应不同的路网结构，路网结构的差异影响路网作用的发挥。学界对路网结构的特征、属性指标已有较多的讨论，并认为路网特征与交通方式选择存在相互影响关系，研究过程中也发展出了一些关于路网结构的评价方法。

科学技术与社会经济发展带来的交通方式变革促使了路网结构的转变。进一步地,作为一种物质建成环境,路网结构与用地开发等因素共同影响着交通方式的选择(Cervero,2002;Zhang,2004,2006;陈燕萍,2011;曾珊珊,2016)。因此,路网结构与交通方式之间存在互相影响的密切关系。

一、路网等级

在以机动车为导向的路网等级分类体系中,路段的等级越高,通常机动车的通行能力也就越高。在没有人为干预的情况下,增加机动车道数量,提高通行能力,往往会更加吸引小汽车的交通(石飞,2015)。考尔索普(Calthorpe,2014)倡导,在公交优先的街区内,应当缩减机动车道路的宽度,营造良好的步行环境和公交站可达性。

国内若干学者对于我国的道路等级结构中存在的问题进行了讨论。徐循初(1992)认为有必要分清道路的性质与功能,突出快速路和主干路"通"的作用,以及次干路和支路"达"的作用。李朝阳(2001)认为城市道路横断面设计中,需要体现不同类别交通方式在不同类别道路上的优先级差异。杨涛(2004)认为我国路网等级结构不够合理,缺乏足够的支路和次干路。蔡军(2005)认为,支路的重要性不亚于干路,支路应分担干路承担公共交通方式的压力。韩胜风(2006)则认为道路用地面积比例过高则迁就小汽车交通,建议修改我国的道路交通设计规范,压缩道路红线宽度。石飞(2006,2014)则对城市道路等级级配有比较系统的研究,给出了不同规模城市的级配推荐值。

部分学者对我国现阶段的路网等级划分方法进行了反思,认为现在的等级体系划分方法忽略了功能的内容,并强调了功能引导的重要性。陈小鸿(2004,2007)针对上海,提出了等级与功能结合的道路分级体系。叶彭姚(2008)则建立了定量的城市道路分级方法。陈哲(2009)认为应明确路网等级与功能的关系。刘颖(2012)面向公交和慢行交通导向,提出将现有的道路等级体系细化为 8 类,并归纳出 8 类道路的典型类型。刘冰(2014)提出了"等级有主次、功能有分类、方式有优先"的三维道路分类体系,以克服目前以小汽车为主导的分类方式所存在的缺陷。卓娜(2016)则提出将公交优先与土地利用、慢行交通环境相结合的道路分级分类方法。

二、路网密度

纽曼(Newman,1996)发现当城市内某一区域的人口密度越高,该区域人口通勤时选择公共交通的比例就越高(图 2.2)。

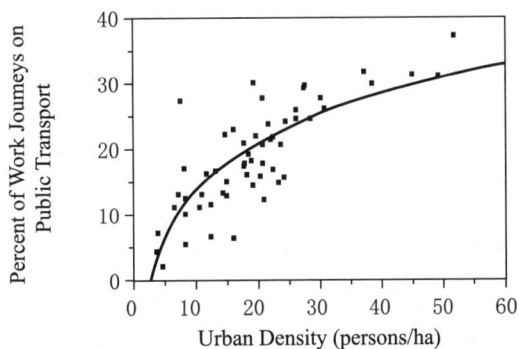

图 2.2 1986 年墨尔本不同人口密度区域的通勤交通公交选择比例(Newman, 1996)

一般来说,人口密度高的城市区域往往具有路网密集的特征,不少研究成果支撑了高密度路网有利于公共交通方式的选择的结论。

莱利(Reilly,2003)通过对 1996 年旧金山湾区出行调查结果的分析发现,路网交叉口密度的增加有利于增加步行和公共交通出行比率。考尔索普(Calthorpe,2014)认为与宽而疏的路网相比,细而密的路网更加有利于减少小汽车交通,并促进公交、自行车、步行等绿色交通方式发展。

国内的学者对路网密度也有较多讨论。徐循初(1992)提出路网密度的提升有利于开辟公交线路。徐循初(1992)、任春洋(2008)基于实践工作经验,认为高密度的方格路网尤其是高密度支路网在提高社区活力的同时,能够提高街道的可步行性,并且对中国有适用性。陈哲(2009)则认为"宽而疏"的路网对与步行交通有明显的负面作用。杨涛(2004)也指出了我国的城市路网密度总体偏低的问题。

同时,过高密度的路网也有一定的负面影响,例如:增加交叉口的数量、影响机动车的车速、影响交通安全等。石飞(2015,2016)认为在某些建成环境下,道路宽度不缩小,道路密度过大可能会刺激小汽车出行,降低公交的分担率。

三、路网形态

路网的形态也是影响交通方式选择的重要因素之一。以图 2.1 中20 世纪 20 年代和 70 年代典型路网为例,前者为方格网结构,后者为树状结构。与方格网结构相比,树状结构的路网有更多的尽端路,路网整体的连接性较差,空间距离很近的两个尽端点可能需要绕行相当长的一段距离才能到达,对于步行和公共交通均不利。在实际的使用中,树状结构、尽端路多的路网更适合小汽车出行(石飞,2016)。徐循初(1996)通过案例的分析提出,应尽量避免丁字路口,丁字路口的存在对于公交流线的组织尤为不利。弓福(2010)认为不同的路网形态,对于公交布局有不同的影响。

进一步地,将路网形态量化并进行评价有其重要性。社会网络分析法和空间句法中关于拓扑网络节点的评价方法为路网拓扑结构的研究提供了理论和方法支撑。空间句法将路网抽象成节点的拓扑网络图,以评价路网的连接性(Jiang,2004a,2004b)。路网形态的连通性差异会直接影响出行路线的选择(Turner,2007),进而影响交通方式的选择。

国内学者对于路网的形态的评价也有若干探索。高贺(2007)提出,可以使用非直线系数、道路可达性、路网连结度三个指标评价路网形态。叶彭姚(2012)则提出道路网布局结构指数的概念以评价路网的形态。曹炜威

(2016)结合连接度指标,提出了无效移动系数和通达度指标,评价不同形态路网的便捷度。

第三节 公交导向的路网结构

一、路网结构与土地使用共同引导公交优先

托马斯(Thomson,1977)对全球 30 个大城市的案例进行研究时,认为交通战略的重要工作是安排用地布局和路网结构。徐循初(1994)就曾提出在土地开发时,交通要先行。公交优先需要城市的路网、用地、社区等建成环境共同支撑。张(Zhang,2004,2006)、陈燕萍(2011)通过实证研究发现路网结构、土地使用、空间密度均与居民的公交选择策略相关。塞韦罗(Cervero,1989,2002,2008)则对建成环境与交通方式的相互影响,职住平衡,郊区化与公交导向等问题做了深入研究。陈燕萍(2000,2002,2007)认为城市形态应当适应公交导向,并提出了公交导向的居住区形态。李海峰(2006)则分别从宏观、中观、微观层面分析了城市形态、土地使用与出行方式选择之间的关系。潘海啸(2007)则实证分析了轨道交通站点对土地使用的影响。

陈小鸿(2007)在回顾国外公交导向路网研究的基础上,针对公交导向的城市道路网络探讨了规划方法,以上海临港新城作为案例,选取了一些路段优先发展常规公交,研究方法以经验总结和定性分析为主。陈小鸿(2007)认为,公交依附于城市道路网络,城市用地上发生的交通需求需要公交进行服务,应当在城市用地和道路网络规划时,充分考虑公交需要,进行公交导向的路网和用地规划(图 2.3)。

路网结构、用地布局与公共交通之间存在互相影响、密不可分的关系。在城市规划阶段,路网结构和用地布局作为两项最重要的空间规划工作,其方案对于城市交通的公交导向性具有关键影响,考尔索普(Calthorpe,1993,

2014)所倡导的 TOD 开发模式就是将土地使用与交通规划相结合的典型。

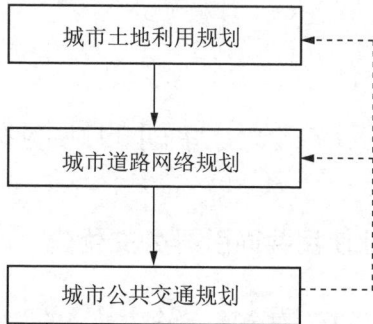

```
┌─────────────────────┐
│   城市土地利用规划    │◄----┐
└─────────────────────┘     ¦
         │                  ¦
         ▼                  ¦
┌─────────────────────┐     ¦
│   城市道路网络规划    │◄--┐ ¦
└─────────────────────┘   ¦ ¦
         │                ¦ ¦
         ▼                ¦ ¦
┌─────────────────────┐   ¦ ¦
│   城市公共交通规划    │--┘ ¦
└─────────────────────┘ ----┘
```

图 2.3　公交导向的路网规划的实质(陈小鸿,2007)

二、路网结构的公交适宜性探索

常用的公交网络结构指标包括:站点步行时间、站点密度、站点间距、线网密度、非直线系数、重复系数、站点覆盖率等。王运静(2007)曾使用上述主要指标对北京市的地面公共交通线路系统进行了现状评价,发现其存在非直线系数较大、站点密度低、站点覆盖率低等问题,提出应通过优化线路方案提高地面公交的运行效率。公交网络依附于城市路网运行,因此其主要指标均受到道路网络建成条件的影响。若要从根本上解决现状公交线路布局的优化问题,道路网络结构的影响不可忽视。目前学界逐渐认识到研究路网结构的公交适宜性的重要性,并进行了定性、定量、形态等方面的探索研究。

1. 定性为主的讨论

弓福(2010)对于牡丹江、常州、扬州、德州四个城市的公交线网和路网的形态关系进行了定性的讨论,分别分析了方格网、带状、放射状、环形放射状、自由式路网条件下,公交网络与路网形态的适应关系。弓福(2010)认为方格网道路适合均匀布线;环形放射路网适合在环线上重点布线;放射状和自由式路网的布线则相对困难。周月平(2016)通过案例分析提出了公交导向的住区规划策略,认为应打破封闭性小区,使居住区内道路承担部分城市道路功能,引入公交站点。卓娜(2016)则以汕头市中心城区为例,综合考虑道路区位、用地性质、容积率、土地混合度、交通流性质五个因素,提出了公交导向下的道路分级体系。

2. 不涉及形态结构的定量研究

杨佩昆(2003)提出的假设模型,计算了在考虑最大步行时间限制的条件下,方格网路网中公共交通线路网密度宜达到 4 km/km^2,相应的干道路网密度应该不小于此值。蔡军(2013)通过建立公式,引入步行速度、步行到站距离、候车时间等参数,计算最佳线网密度,得出城市中心区线网密度以 5 km/km^2 为佳,城市边缘地区 3 km/km^2 左右为佳,相应的路网密度不应低于上述值。熊鹏(2016)通过上海 9 个地区的案例统计分析,发现干道网密度提升对于公交线网密度提升具有较大的意义。

叶茂(2013)以公交站点覆盖率为目标,建立了历史城区内公交站点的最佳服务半径函数,参数包括公交车运营速度、平均公交乘距、站点固定损失时间、发车间隔、出行发生率、平均上车时间、平均步行速度等,得出站点最佳服务半径约为 153 米,进而提出,当路网平均间距为 300 米时,公交站点覆盖率可达 90%,因此建议历史城区路网间距不大于 300 米。

考尔索普(Calthorpe, 2014)提出了 TOD 导向下道路宽度、路网密度等指标的引导值,认为过境道路的宽度应在 40 米以下,每平方千米的交叉口至少为 50 个。石飞(2015)基于对南京市主城区居民出行调查数据的分析,探讨了公交导向视角的城市路网密度指标,他认为单纯地提升路网密度可能会促进小汽车使用,挤占公交的分担率,应加强政策的引导作用。石飞(2016)还对考尔索普(Calthorpe, 2014)的指标提出了质疑,认为要实现其推荐值道路用地面积占城市用地面积的比重过大,难以实现。

3. 涉及形态结构的定量研究

张(Zhang, 2004)使用了波士顿、香港的调查数据进行分析,认为提高路网的连通性,有助于减少小汽车的使用,增加步行、自行车以及公共交通的使用。塞韦罗(Cervero，2008)也通过调查数据的研究，认为提高居住地1 000 米范围内的路网的连通性有助于提升公交出行的选择率。尤因(Ewing，2010)也认为路网的交叉口和连通性增加后，可以增加公交使用者的路线选择，城市路网作为城市的骨架，其形态对于公交的适宜性具有关键作用。孙晨(2014)在对城市公交枢纽影响区域的道路网评价时，也使用了路网的连接度指标。熊鹏(2015)对于路网和公交数据的统计分析表明，丁字路口不利于公交，道路直顺总长超过 5 km 时明显有利于公交，因此认为高密度方格网道路较为适合公交导向。

表 2.1　标准树状与方格道路网的结构集聚度比较(叶彭姚,2012)

标准道路网	布　　局	拓扑结构	结构集聚度/%
树　状			100
方　格			0

叶彭姚(2012)提出了道路网的结构集聚度的指标，用来评价路网的拓扑形态的整体特征，树状路网的结构集聚度最低，方格网路网的结构集聚度最高(表 2.1)。叶彭姚(2012)对上海浦东新区外环内的区域划分若干片区，对每个片区进行了路网结构集聚度的计算，通过回归分析验证了该指标与公交线网密度的相关关系，发现两者存在显著的线性正相关关系。

上述关于形态的量化研究，多是将路网结构抽象为拓扑网络，评价拓扑结构特征。社会网络分析法和空间句法中关于节点、网络的评价方法能够给予相关研究提供理论和方法支撑，例如，叶彭姚(2012)提出的结构集聚度的指标依托了弗里曼(Freeman，1977)提出的中间性指标的概念。

第四节 进一步研究的方向

在可持续发展理念深入人心的背景下，包括公共交通在内的绿色交通方式因其绿色、低碳、公平等优点也日益得到各方的普遍重视。交通方式的发展影响路网结构的特征转变，相对的，路网结构的特征也影响交通方式的选择。学界已从路网密度、路网形态、路网分级等角度进行了较为深入的讨论。以 TOD 为代表的公交导向开发建设认为城市路网规划与城市用地布局规划应当起到先导作用，合理的规划方案对于公交优先具有重要意义。对于路网结构的公交适宜性，国内外已有若干定量研究的探索与讨论，包括路网密度、道路宽度、路网拓扑形态等方面，并提出了相应的适合公交的路网优化方向。上述研究成果在转变规划思路，认识路网建成条件对于引导公交的先决作用，提高规划阶段的路网、用地设计方案的公交适宜性等方面具有明显意义。基于前文的文献梳理，结合本研究目标和方向，笔者认为以下若干方向值得进一步研究探讨。

一、深化研究路网拓扑结构的适宜性

目前关于路网拓扑结构的适宜性，非定性的评价方法多基于抽象后的拓扑节点图讨论，这是较好的思路。拓扑结构图抽象有两个方向：一个是传统的，将交叉口抽象为节点；另一个是将路段抽象为节点。两个方向各有优点，前者方法较为简单，容易计算结果，例如路网连通度指标；后者相对较为复杂，被称为"对偶拓扑"结构，叶彭姚(2012)采用的就是这一结构下的评价方式。对于公交问题，涉及线路、站点的布局是基于路段考虑的，将路段抽象为节点的方式可以获得较好的评价效果。目前的评价方法较多为单纯地针对抽象的拓扑结构进行评价,评价的尺度为城市或片区整体,部分评价方法需要人为划区。因此,有必要在现有研究基础上,完善针对路段的拓扑结构评价方法,深入探讨节点距离度量、搜索尺度等关键因子在评价中的影响。空间句法和社会网络分析法的不断完善和发展,可以为此方向的优化提供借鉴与支撑。

二、通过现状数据分析强化实证研究

现有的研究在讨论路网结构的公交适宜性时,一部分基于规划案例的讨论,一部分基于纯粹的数理研究,一部分基于出行问卷调查数据。这些研究成果从多方面给出了路网的公交适宜性的引导方向,具有重要的意义。对于城市的现状公交与路网数据的分析,已有的研究以局部区域为主。

为了进一步完善评价方法与适宜性的研究结论,有必要针对大城市(含特大和超大城市),获取整体现状数据进行评价分析,提高案例来源的普遍性。其具体意义一方面体现在,通过现状数据的分析讨论不断完善评价方法;另一方面,与数理研究、案例讨论、调查分析等手段的分析并列,现状数据的分析结果也是提供公交导向的路网设计提供引导方向的重要依据之一。

三、提升评价方法的系统性与适用性

公交导向下的城市路网设计,需要综合考虑城市路网结构中的等级、密度、形态等重要因素,以及城市布局因素,是一个系统性的工作。目前已有的城市路网公交适宜性的研究多针对城市路网结构的某一类指标单独评价,且少有结合路网结构和城市布局的评价方法。因此,有必要在现有研究的基础上,对方法进行深化的同时,提出一个系统性的评价方法。

此外,目前的评价方法在城乡规划实践(非交通工程)中的实践应用性相对较弱。为了能将评价方法适用于总体规划层面的规划工作中,需要选择合适的平台、数据结构标准、方法的应用路径等,使得评价方法能够做到有用、可用、易用。

第三章
道路等级与路网密度

道路等级和路网密度是城市道路网络规划中常用的两类指标。本章首先对这两种指标与公交站点设置之间的关系开展分析研究。选择上海等9个城市作为研究对象，分别开展总体统计分析和区域统计分析，从而发现不同等级的道路在公交适宜性方面的差别，以及不同区间的道路网络密度数值对于公交适宜性的差异。

第一节　数据库建立

一、案例城市及分析范围的选择

中小城市由于城市规模较小，城市路网体系相对不完善，公交线网体系体量相对较小，其运营可能集中在有限的几条干路上。相对而言，大城市的常规公交的运营历史通常较久，且运营相对成熟，体量较大，是更为理想的研究对象。

本研究选取中国九个特大（或超大）城市为例进行研究，包括北京、天津、沈阳、上海、武汉、广州、重庆、成都、西安。这九个城市分布在华北、东北、华东、华中、华南、西南、西北各大区域，是各区域的中心城市，作为案例城市有一定的代表性（如表3.1所示）。其中，上海作为重点研究城市。

综合城市的建成区分布、路网结构来选择分析范围。一般选取城市

的某条环路内的区域,选取标准要求环路内基本为建成区所覆盖,并且是
尽可能选择满足上述条件的最外围的环路,以保证每个城市的空间分析
规模(表 3.1、图 3.1)。

表 3.1　各城市的分析范围及面积

城市名称	选取的边界 (环路)	分析范围 (环路内面积) (单位:平方千米)	数据范围 (环路以外 2 000 米) (单位:平方千米)
北　京	五环路	669	890
天　津	外环路	334	498
沈　阳	二环路	161	280
上　海	外环路	664	882
武　汉	三环路	528	732
广　州	环城高速公路	225	366
重　庆	内环快速路	308	479
成　都	三环路	204	329
西　安	三环路	356	527

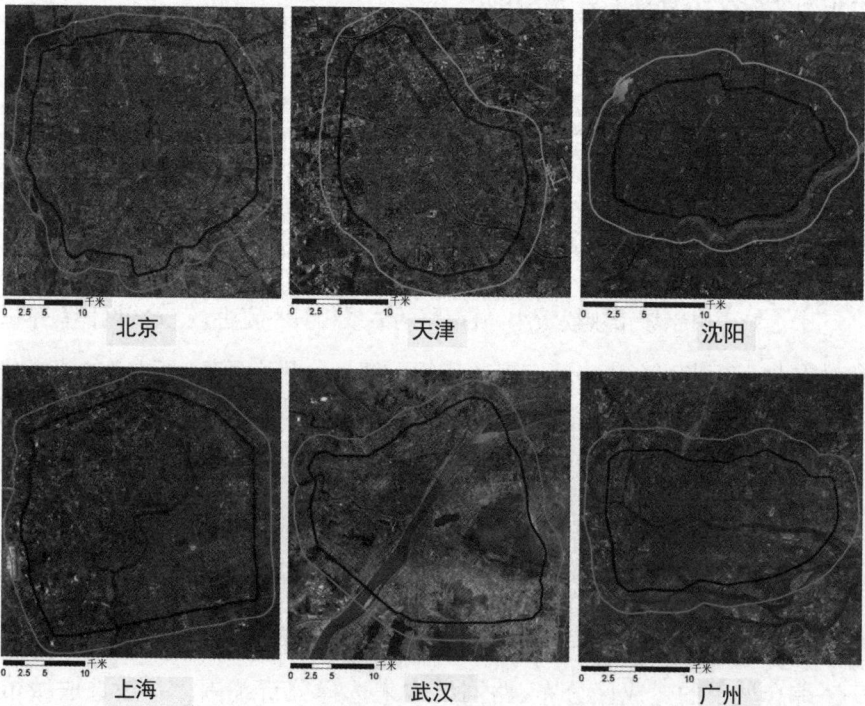

北京　　　　　　天津　　　　　　沈阳

上海　　　　　　武汉　　　　　　广州

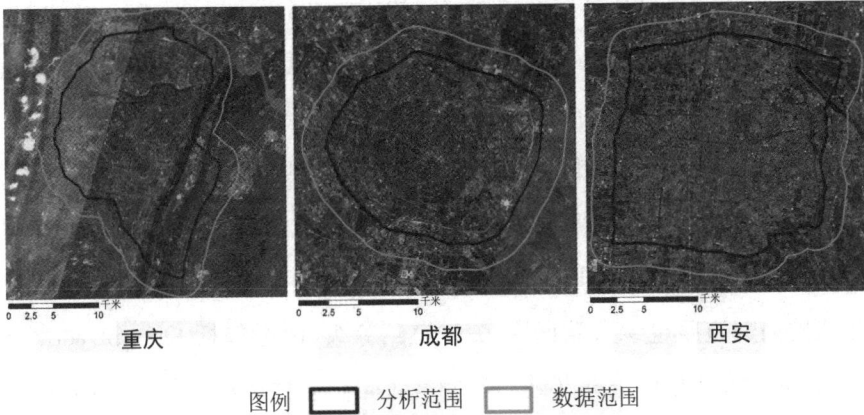

资料来源:聚合天地图 DOM 瓦片地图服务。

图 3.1　案例城市的分析范围与数据范围

在建立数据库时,为了保证环路内侧边缘数据分析结果的合理性,将数据范围适当往外围延伸。一般常规公交站点的服务半径为 500 米左右,因此,数据的空间延伸范围不应当小于此值,本研究将延伸值定为 2 000 米。如上所述,分析范围即有效输出范围是各城市的指定环路内,指定环路外的数据是为内部的分析结果的准确性做支撑。

后文如无特殊说明,各城市描述总体指标时,均指表 3.1 所指的分析范围内的情况。

九个城市的分析范围内,北京和上海的面积较大,达到 660 平方千米以上,面积最小的是沈阳,为 161 平方千米。各城市选取边界内的多数空间为建成区,部分城市有一定的特殊性,例如,武汉有较多湖泊,重庆有较多山体,西安有较大规模的遗址(汉长安)。

二、道路网络数据库的建立

本研究的一项重要基础工作是建立满足研究需要的道路网络数据库。研究需要获得可靠的道路等级、线型位置数据,以及需确认道路是否为城市道路。后续的研究还需要校核路段之间的拓扑关系。

本研究首先从 OpenStreetMap 网站获取开源的道路地图的 Shapefile 数据,然后在此基础上进行各项校核。①开源数据难以直接用于研究,其道路表达方式,道路选择标准,道路等级等均不满足规划研究的精度需要。关于道路表达方式,开源数据在部分路段上用双线或多线表达,部分路段则单线表达;关于道路选择标准,开源数据在某些区域将住宅区、厂区、作业区、校园、大院内部道路也纳入数据库;关于道路等级,由于包括 OpenStreetMap 在内的各大在线地图服务网站的数据是面向社会大众普通用户,以服务日常生活为主要目的,道路等级的分类标准较为混乱,仅能作为参考依据,而不能直接使用。

因此,笔者进行了较大工作量的道路网络数据校核工作,分为表达方式调整,筛选道路,及统一道路等级三个阶段。

第一,将道路表达方式修改为城市规划工作中所使用的表达方式。第二,统一道路的选择标准。住宅区、厂区、作业区、校园、大院内部的路网并不能无差别地开放给社会使用,尤其是给公交车使用,因此不应纳入城市道路。同理,一些仅能供步行、难以为机动车(尤其是公交车)提供行驶条件的旧城巷道、乡村小道,以及步行街(如上海南京东路的步行街部分)也不纳入本次研究所需的道路数据库中。本阶段工作综合参考了腾讯街景地图、谷歌卫星地图,以及高德实时路况数据。第三,统一道路等级标准。此阶段工作首先参考了各个城市公布的城市总体规划、城市交通规划等官方规划中现状资料的路网等级。笔者发现,各个城市的路网等级标准有所差别,这对后续的城市之间的比较研究较为不利。因此,有必要将九个城市的路网等级统一到同一标准下,对数据做适当修正。笔者以道路的机动车道数、断面形式、隔离程度为基本依据,对各城市道路等级进行了

---

① OpenStreetMap 的网址为:http://www.openstreetmap.org/。

逐条检查与修正。在数据修正阶段,此阶段工作主要参考了腾讯街景地图、谷歌卫星地图。[①]为了寻求相对统一的等级标准,本研究建立的道路等级数据以道路的设施条件为主要依据。此外,后续的道路网络拓扑关系研究还需要校核路段之间的联系关系,将在后文中详述。

中国的城市普遍正处在相对高速的发展期,城市道路的改造、新建速度较快,在本研究数据库的建立期间,可能某些路段会有增加、减少、改道、变更等级的情况。笔者对此已有所考虑,将数据库的时间尽可能统一在 2015 年下半年。由于精力有限,且部分资料获取困难,难以保证数据库存储的所有路段完全准确。本研究属于总体规划尺度下的研究,个别路段可能存在的数据差错对总体的结论影响较为有限。

上述整理工作完成后,得到九个城市的路网数据库。九个城市的道路等级专题图表达如图 3.2 所示。

三、公交数据的获取

道路数据以外,本研究所需的另一类数据是公交的站点和线路。本研究的公交站点从百度地图和高德地图获取,公交线路从高德地图获取。[②]分别获取了 9 个城市的公交站点数据以及北京、上海、广州 3 个城市的线路数据。百度、高德的公交数据直接面向用户出行服务,其准确程度与否直接关系到用户的体验,因此数据质量相对较高。笔者对公交数据进行了简单校核,对明显的站点偏移、站点重复等问题进行了修正。为了与道路网络的数据时间匹配,公交数据的时间也为 2015 年下半年。

---

① 腾讯街景地图的网址为:https://map.qq.com/,谷歌卫星图直接从 GoogleEarth 软件中查看。上海数据除了参考了 OpenStreetMap,还参考了方舆论坛(http://xzqh.info/lt/)的资料,但最终仍以腾讯街景地图和谷歌卫星地图为数据修正的依据。
② 百度地图的网址为:https://map.baidu.com/;高德地图的网址为:https://gaode.com/。

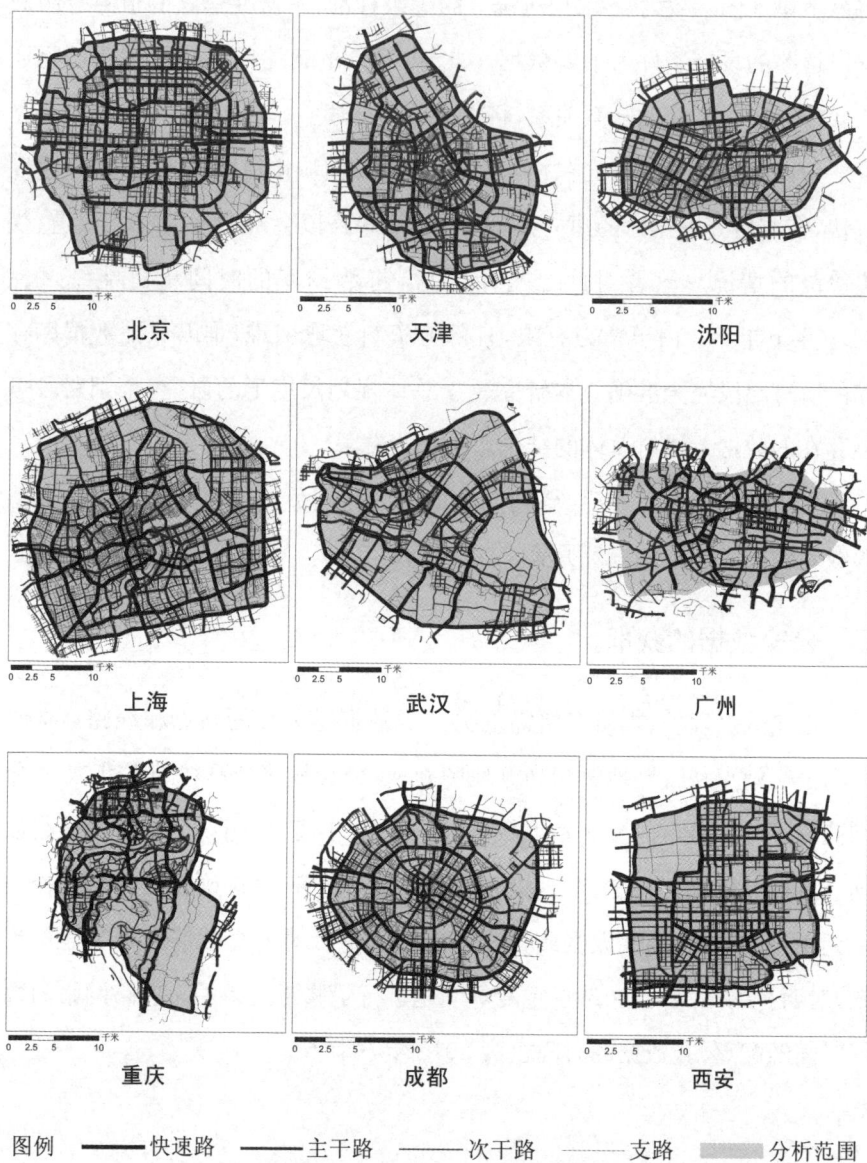

图例 ——快速路 ——主干路 ——次干路 ——支路 ▨▨分析范围

图 3.2 案例城市的道路等级

第二节　基于统计的总体分析

本研究首先在城市的总体层面,对各个城市路网等级、密度、公交站点设置等情况进行统计分析,并对结果进行初步讨论。

一、道路等级与站点设置的总体分析

1. 分等级道路长度

对九个城市的指定环路内的道路数据进行统计(表 3.2),并计算了各城市的各等级道路长度占道路总长度的比例(表 3.2、图 3.3)。各城市总体上呈现道路等级越高,其总长度占比越低的情况。几个特殊的情况为:(1)广州、成都、西安的主干路高于次干路长度比例;(2)重庆的快速路略高于主干路的比例。九个城市的总体的路网等级长度比例为:快速路占 12.3%,主干路占 16.4%,次干路占 20.1%,支路占 51.2%。

表 3.2　各城市各等级道路长度道路及其长度比例

城市	指　　标	快速路	主干路	次干路	支路	总计
北京	道路长度(千米)	329.3	358.3	393.2	1 125.6	2 206.4
	道路长度比例	14.9%	16.2%	17.8%	51.0%	100.0%
天津	道路长度(千米)	202.3	273.9	308.9	653.1	1 438.2
	道路长度比例	14.1%	19.0%	21.5%	45.4%	100.0%
沈阳	道路长度(千米)	109.0	140.8	158.7	535.3	943.7
	道路长度比例	11.5%	14.9%	16.8%	56.7%	100.0%
上海	道路长度(千米)	303.6	349.1	534.3	1 998.6	3 185.6
	道路长度比例	9.5%	11.0%	16.8%	62.7%	100.0%
武汉	道路长度(千米)	184.7	232.9	339.3	617.2	1 374.1
	道路长度比例	13.4%	16.9%	24.7%	44.9%	100.0%

续　表

城市	指　　标	快速路	主干路	次干路	支路	总计
广州	道路长度(千米)	91.5	203.6	122.2	379.1	796.4
	道路长度比例	11.5%	25.6%	15.3%	47.6%	100.0%
重庆	道路长度(千米)	159.0	129.3	372.5	453.2	1 113.9
	道路长度比例	14.3%	11.6%	33.4%	40.7%	100.0%
成都	道路长度(千米)	104.9	199.3	165.2	662.2	1 131.6
	道路长度比例	9.3%	17.6%	14.6%	58.5%	100.0%
西安	道路长度(千米)	141.2	284.0	264.0	353.7	1 043.0
	道路长度比例	13.5%	27.2%	25.3%	33.9%	100.0%
总体情况	道路长度(千米)	1 625.5	2 171.2	2 658.3	6 778.0	13 232.9
	道路长度比例	12.3%	16.4%	20.1%	51.2%	100.0%

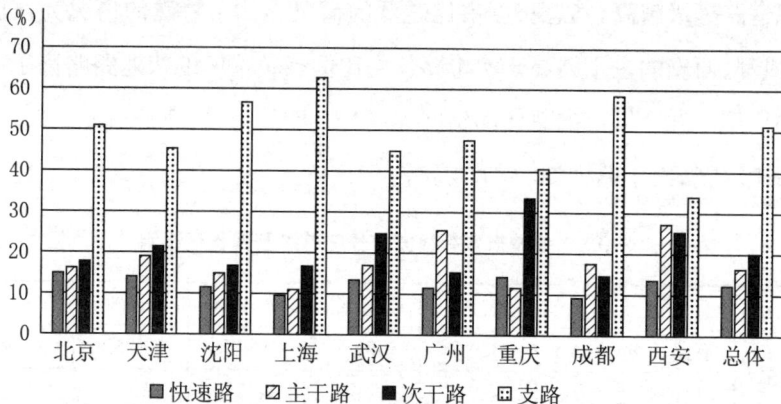

图 3.3　各城市各等级道路长度比例

2. 道路等级与车站规模

从车站数量来看,各城市的总车站数均在 1 000 个以上,车站总数较大的城市为上海、北京(表 3.3、图 3.4)。平均每个车站的线路数为 5.3 条。其中,快速路上车站的平均线路数为 8.8 条,主干路车站为 8.8 条,次干路车站为 4.6 条,支路车站为 2.6 条。这个结果表明路网等级越高,单个车站的平均线路数就越多。此结果也表明,快速路总体上相比于主干路并无明显优势。也就是说,快速路的通行能力相比于主干路提升的同时,并没有让车站线路数量有相应提升(尽管不同城市略有差异)。

表 3.3　各城市各等级道路上的车站及其平均线路数

城市	指　标	快速路	主干路	次干路	支路	总计
北京	车站数(个)	375	636	629	830	2 470
	车站平均线路数(条)	11.2	7.7	4.9	3.0	6.0
天津	车站数(个)	165	468	499	300	1 432
	车站平均线路数(条)	9.0	9.4	4.6	2.3	6.2
沈阳	车站数(个)	150	311	300	308	1 069
	车站平均线路数(条)	5.1	6.4	4.0	2.1	4.3
上海	车站数(个)	243	473	857	2 195	3 768
	车站平均线路数(条)	5.6	5.9	3.9	2.7	3.6
武汉	车站数(个)	108	341	512	439	1 400
	车站平均线路数(条)	7.7	9.7	4.1	2.8	5.4
广州	车站数(个)	132	381	217	524	1 254
	车站平均线路数(条)	17.9	15.5	7.6	3.2	9.3
重庆	车站数(个)	103	190	490	273	1 056
	车站平均线路数(条)	8.7	9.0	5.8	2.3	5.8
成都	车站数(个)	186	339	325	686	1 536
	车站平均线路数(条)	5.4	6.8	3.7	1.8	3.7
西安	车站数(个)	110	416	337	225	1 088
	车站平均线路数(条)	7.6	9.4	4.1	2.7	6.2
总体情况	车站数(个)	1 572	3 555	4 166	5 780	15 073
	车站平均线路数(条)	8.7	8.8	4.6	2.6	5.3

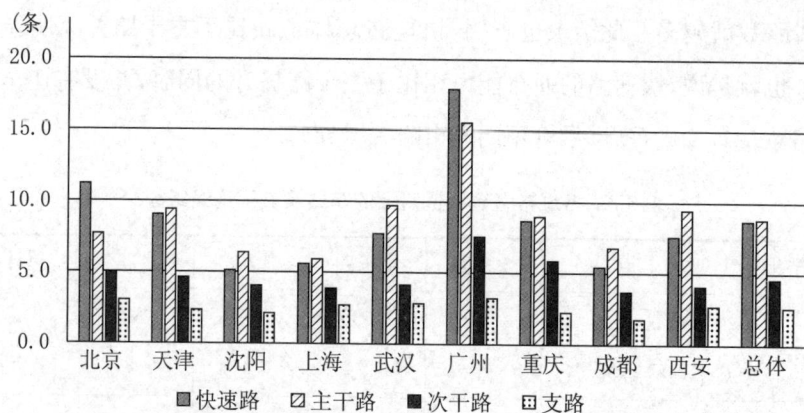

图3.4 各城市各等级道路上的公交车站平均线路数

3. 道路等级与车站分布

首先,计算各等级道路上每千米的车站数量。按道路等级由高到低排列,各城市的指标基本都出现了中间高、两边低的特征,即主干路和次干路较高、快速路其次、支路最低的情况(表3.4、图3.5)。这体现了主干路和次干路的设站优势;快速路可能由于车速度高、隔离程度高、步行可达性低等原因,设站优势较低;支路可能由于道路连通性较低、通行能力较低等因素,设站优势最低。值得注意的是,上海有一个情况明显有别于其他城市,即支路设站多于快速路,这可能与上海的支路网络的结构特征有关系,值得后续研究进一步分析。

表3.4 各等级道路上每千米的车站数和车站线路数

城市	指　　标	单位	快速路	主干路	次干路	支路	总计
北京	每千米车站数	站/km	1.1	1.8	1.6	0.7	1.1
	每千米站点线路数	站·条/km	12.7	13.7	7.9	2.2	6.7
天津	每千米车站数	站/km	0.8	1.7	1.6	0.5	1.0
	每千米站点线路数	站·条/km	7.4	16.1	7.4	1.1	6.2
沈阳	每千米车站数	站/km	1.4	2.2	1.9	0.6	1.1
	每千米站点线路数	站·条/km	7.0	14.1	7.6	1.2	4.9

续 表

城市	指 标	单位	快速路	主干路	次干路	支路	总计
上海	每千米车站数	站/km	0.8	1.4	1.6	1.1	1.2
	每千米站点线路数	站·条/km	4.5	8.0	6.2	3.0	4.2
武汉	每千米车站数	站/km	0.6	1.5	1.5	0.7	1.0
	每千米站点线路数	站·条/km	4.5	14.2	6.2	2.0	5.5
广州	每千米车站数	站/km	1.4	1.9	1.8	1.4	1.6
	每千米站点线路数	站·条/km	25.8	29.1	13.4	4.4	14.6
重庆	每千米车站数	站/km	0.6	1.5	1.3	0.6	0.9
	每千米站点线路数	站·条/km	5.6	13.2	7.7	1.4	5.5
成都	每千米车站数	站/km	1.8	1.7	2.0	1.0	1.4
	每千米站点线路数	站·条/km	9.7	11.6	7.3	1.8	5.1
西安	每千米车站数	站/km	0.8	1.5	1.3	0.6	1.0
	每千米站点线路数	站·条/km	5.9	13.8	5.2	1.7	6.5
总体情况	每千米车站数	站/km	1.0	1.6	1.6	0.9	1.1
	每千米站点线路数	站·条/km	8.5	14.4	7.2	2.2	6.0

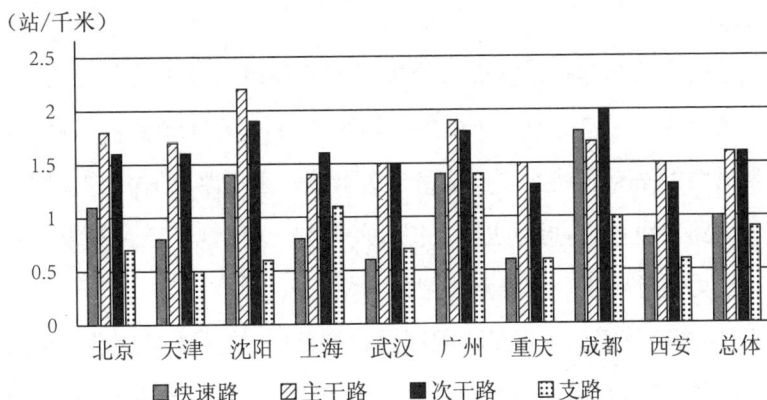

图 3.5 各城市各等级道路上每千米的公交车站数

其次,计算各等级道路上每千米的站点线路数量(表3.4、图3.6)。相比于上述结果,此结果加权了车站的线路数量。总体看来,主干路优势最明显,其次是快速路和次干路,最低的是支路。从九个城市的平均情况看,支路、次干路至主干路依次呈现出等级越高,计算数值越高的情况,这说明道路等级优势带来的通行能力优势对于公交线路选站有明显意义。不过,快速路虽然等级更高,但是计算结果(8.5 站·条/km)却明显低于主干路(14.4 站·条/km),与次干路(7.2 站·条/km)相当。

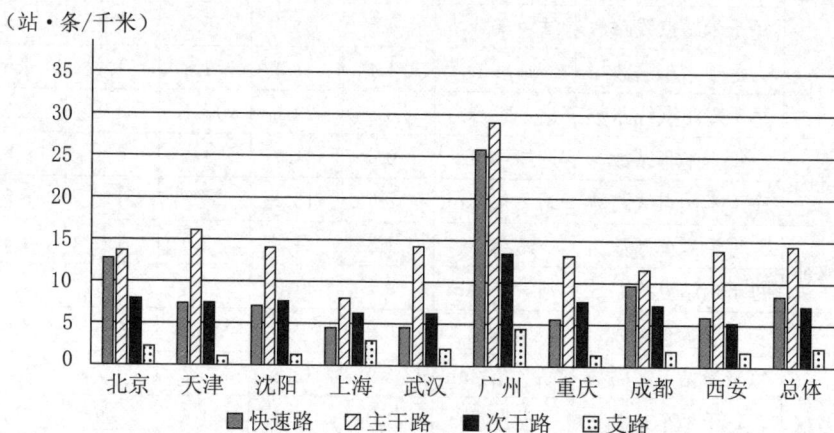

图 3.6　各城市各等级道路上每千米的公交车站线路数

4. 小结

上述研究从总体指标的视角分析了道路等级与车站设置的关系,得出了初步的结论。无论是单个车站的平均线路数,每千米道路的车站数,还是每千米道路的站点线路数,在"支路—次干路—主干路"的序列上,均明显体现出随道路等级提高,指标也随之提升的趋势,这体现了道路等级提升带来的通行能力提升对于公交线路集聚的意义。

不过,道路等级似乎不是无限制地越高越好,快速路虽然是城市道路中等级最高的道路,在以上三个指标的计算结果上,都低于主干路,部分指标仅与次干路相当。这体现出快速路相对于公交的优势并没有随等级、通行能力的提高而提高,并且还可能有反作用。这可能与快速路的定位有关,快速路以"通"为主要功能,将小汽车作为主要服务对象,隔离程度相对较高,对于需要"达"的公共交通有明显的不利。

不同城市间体现出的差异,也值得关注。这个可能与路网密度、路网的形态、城市的布局等特征有密切关系,后续章节将展开讨论。

此外,关于快速路,其设计总体上有利于小汽车快速行驶,不同的断面形式对于公交的使用则有不同的影响。例如,北京中心城内的快速路有大量的路段为封闭式的地面形式,公交车行驶于快速路两侧增加的辅路上;上海不少快速路为地面加高架的形式,公交车行驶于快速路的地面部分,地面路段的封闭性较低;另有一些快速路为纯高架或者纯地面封闭(无辅路)形式,这种形式的路段一般不会有常规公交通过,更无法设站。关于快速路的断面形式与公交的适宜性关系,后文会做进一步的讨论。

二、路网密度与站点设置的总体分析

1. 总体的路网密度

各城市分析范围内的路网密度多在 3 000—6 000 米/平方千米间。其中,沈阳、成都、上海的路网密度较高;武汉、西安、北京则较低(表 3.5、图 3.7)。

表 3.5　各城市分等级路网密度(单位:米/平方千米)

城市	快速路	主干路	次干路	支路	总计
北京	491.9	535.4	587.4	1 681.6	3 296.3
天津	605.8	819.9	924.8	1 955.4	4 305.9
沈阳	674.8	871.9	982.8	3 315.1	5 844.6
上海	457.4	526.0	804.8	3 010.8	4 799.0
武汉	349.7	440.9	642.5	1 168.6	2 601.6
广州	407.5	906.2	543.8	1 687.6	3 545.1
重庆	515.6	419.4	1 208.1	1 469.8	3 612.8
成都	513.7	976.3	809.5	3 244.1	5 543.6
西安	396.9	798.0	742.0	994.0	2 930.9
总体	471.2	629.4	770.6	1 964.8	3 835.9

（米/平方千米）

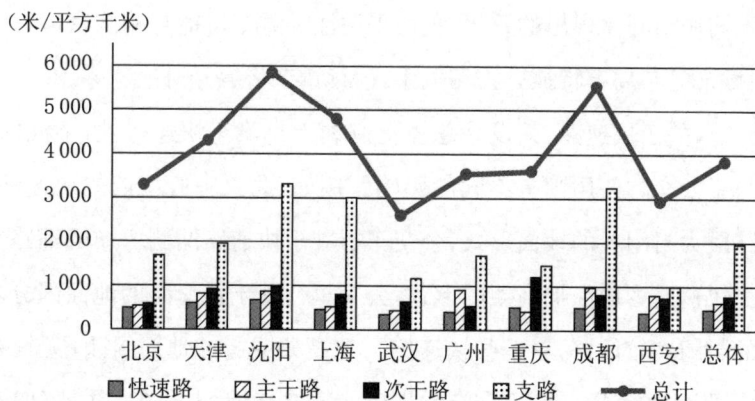

图 3.7　各城市分等级路网密度

2. 路网密度与车站规模

对各个城市的总体路网密度和公交车站平均规模作二维散点图（图 3.8），可以看出总体的趋势为，城市的总体道路密度越高，车站的平均规模（即停站线路数）越小。

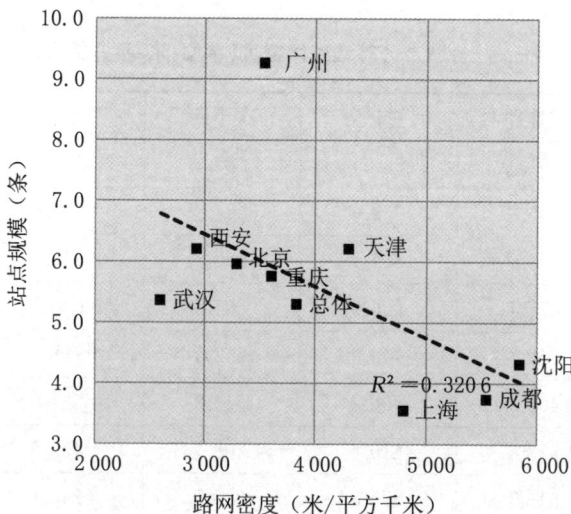

图 3.8　总体路网密度与车站规模的关系

3. 路网密度与车站分布

对各个城市的总体路网密度和公交车站密度作二维散点图(图 3.9),可以看出总体的趋势比较明显,当路网密度增加时,车站密度也随之增加。这说明路网密度是提供公交站点密度的重要前提条件之一。

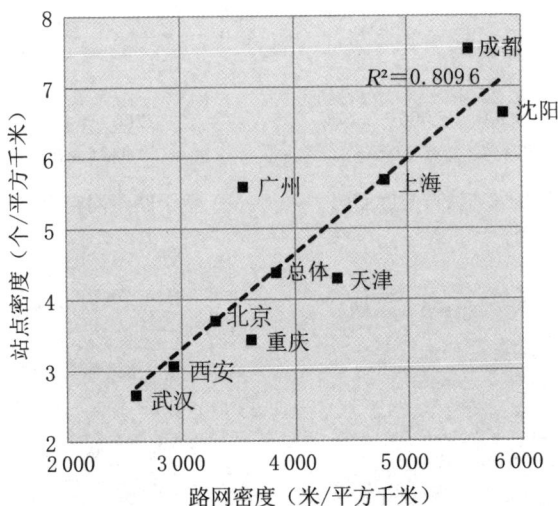

图 3.9 总体路网密度与车站密度的关系

4. 道路等级、路网密度与车站密度的关系

进一步地,对各城市道路等级与车站密度的关系进行分析。分别计算各等级道路的路网密度,以及相应等级道路上的站点的密度,将两个密度计算值进行线性回归,计算拟合优度 R^2 值。[①]

各等级道路的路网密度和站点密度的回归结果如图 3.10 所示。从总体上看,各等级道路密度增加时,对于车站密度的增加均有正向的影响。比较四小项分析结果的 R^2 值时(表 3.6),可以得出进一步的结论。首先,快速路的道路密度与相应的车站密度的拟合优度相对一般,R^2 值为 0.493 6;其

① R^2 值在某些文献里也称为"决定性系数"。

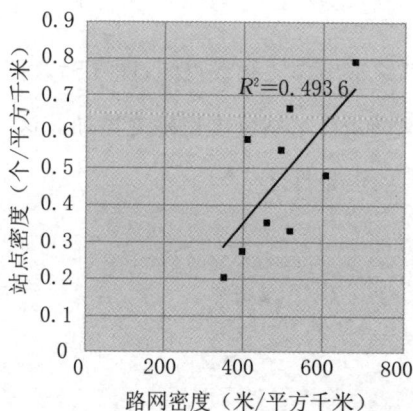

(a) 快速路路网密度与其站点密度回归

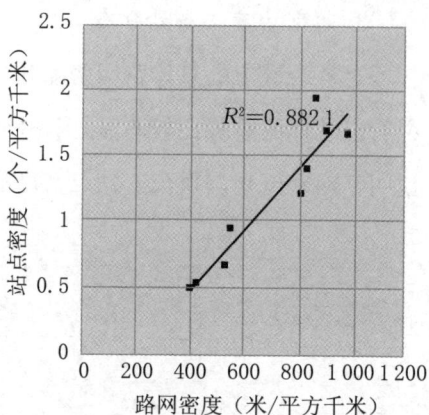

(b) 主干路路网密度与其站点密度回归

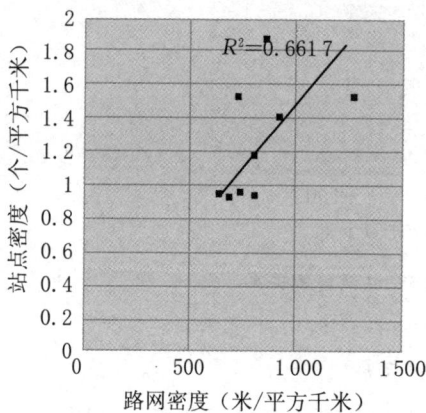

(c) 次干路路网密度与其站点密度回归

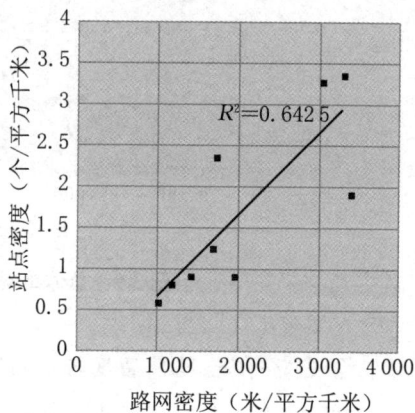

(d) 支路路网密度与其站点密度回归

图 3.10　各等级路网密度与站点密度的关系

表 3.6　各等级路网密度与车站密度回归关系的 R^2 值

分　　　项	线性回归 R^2 值
快速路路网密度与快速路上车站密度的线性回归	0.493 6
主干路路网密度与主干路上车站密度的线性回归	0.882 1
次干路路网密度与次干路上车站密度的线性回归	0.661 7
支路路网密度与支路上车站密度的线性回归	0.642 5

次,主干路的道路密度和车站密度的拟合优度 R^2 值大幅增加至 0.882 1,次干路为 0.661 7,支路为 0.642 5。这一结果表明,主干路的路网密度提升对于站点密度的增加的效果最明显,其次依次是次干路、支路、快速路,快速路的统计相关性最弱。

5. 小结

本小节分析了道路密度与站点布局特征的关系。当道路密度增加时,站点的平均规模会减小,但是站点的密度会增加。这一总体结果表明,城市道路的供给密度提高时,也会刺激公交站点的增加,高密度路网条件下更容易出现"小车站、高密度"的公交站点布局模式。分析结果还表明,提升主干路的路网密度,对于站点密度增加的效果最明显。

以上分析结论都是基于城市的总体情况,即一个城市一项指标仅有一个数字表示,未考虑空间分布的特征。由于不同城市的分析范围内的空间特征有一定的差异,例如某些城市范围内河湖水域较多(例如武汉、广州),某些城市山地较多(例如重庆),而某些城市的分析范围内几乎全部是城市建设用地,这些特征的不同均会对分析结果有一定影响。因此,针对城市总体指标的研究结论有一定的局限性,后文将针对区域内部进行分析。

第三节 基于统计的区域分析

一、分析方法

1. 总体思路

首先,分析各城市指定范围内的道路密度;其次,分析相应范围内的站点密度;最后,基于空间采样点分析针对其所获取的道路密度值和站点密度值之间的关系进一步讨论。

这部分内容中,所涉及的统计方法主要包括道路密度的分析、站点密度的分析,以及基于采样点的数值提取等,下文对分析方法进行详细探讨。

2. 道路密度的分析

对于各城市指定范围内的任意一点,均可计算以其为圆心,固定半径范围内的道路密度。如图 3.11 所示,选定的格网像元为圆心的固定半径 R 范围内,有两条道路,分别位于图面上方和下方。这两条道路落在圆形区域内的路段长度分别为 L_1 和 L_2。因此,该像元点处的道路密度值 D_r 即可按照下方公式进行计算。

$$D_r = \frac{L_1 + L_2}{\pi \times R^2}$$

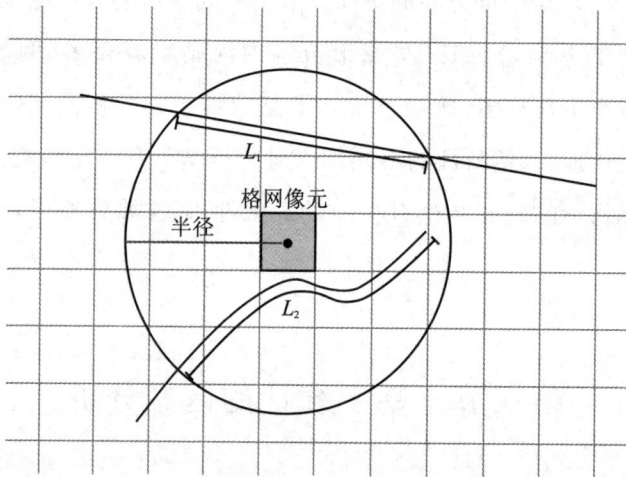

资料来源:ESRI 公司,ArcGIS10 帮助文件。

图 3.11　道路密度分析方法

半径 R 的取值大小对于道路密度值具有明显的影响。如图 3.12 所示,左侧点 A 处的道路密度,当半径所圈出的圆较小时(内圈),由于落入圆内的道路仅有一小段,那么此时的道路密度会很低,当半径较大(外圈)时,由于周边的一些的道路落入外圈内,那么按照外圈计算的道路密度将明显大于内圈内所计算的道路密度。类似地,点 B 所处位置附近路网密集,但稍远处道路则较稀疏,那么按照内圈范围内计算的道路密度将明显高于按照外圈所计算得到的道路密度。上述举例虽然较为极端,但也说明了半径值的大小对于同一点所计算得的路网密度值会产生一定影响。然而,本研究在进行道路密度分析时,无法避免地要选择某一个或几个确定的半径值进行道路密度分析。《城市道路交通规划设计规范 GB 50220-95》的条文说明中根据调查提出,沿公共交通线路两侧超出 500 米范围,绝大多数居民选择骑车,乘公共交通车的很少。因此,公交站点的服务半径一般在 500 米左右,一些服务水平相对较弱的地区的服务半径较大。本研究分别选取 500 米、1 000 米和 2 000 米三种半径值进行分析,并对相关的结果进行比较。

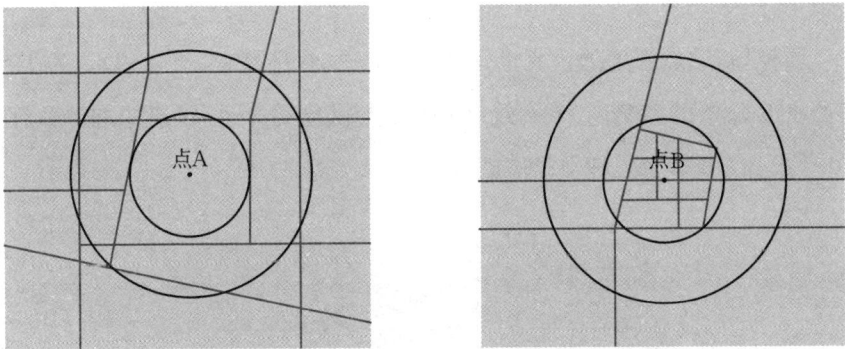

图 3.12　半径值的大小对同一点的路网密度计算值的影响

3. 站点密度的分析

对于站点密度的计算,分别计算两种参数。一种是公交站的设站密度,一种是考虑站点线路数量的加权密度。前者不管大站和小站,在计算密度时均视为同样地位,后者考虑大站和小站的区别,以各站点的设站线路总数作为计算密度的依据。两种参数的计算结果可以进行比较。

对于任意点 A,按照一定的搜索半径画圆,统计落在圆内的站点,则可计算该点处的站点密度(图 3.13)。

对于不考虑站点线路数量的情况,任意点处的站点密度 D_b 值可按下式计算:

$$D_b = \frac{n}{\pi \times r^2}$$

其中,n 为半径范围内的站点总数,r 为搜索半径值。

对于考虑站点线路数量的情况,任意点处的站点密度 D_b' 值可按下式计算:

$$D_b' = \frac{\sum_{i=1}^{n} B_i}{\pi \times r^2}$$

其中,B_i 为半径范围内的第 i 站点上的设站线路总数,r 为搜索半径值。

同样地,站点密度的数值也受到半径值大小的影响(图 3.13)。为了与道路密度分析的参数选择一致,因此站点密度分析也分别选取 500 米、1 000 米和 2 000 米三种半径值进行计算。

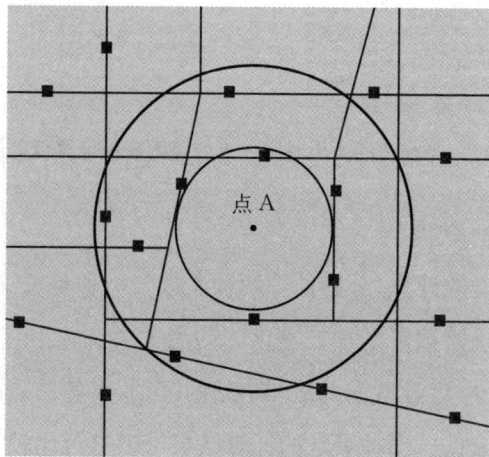

图 3.13 站点密度分析示意图

4. 基于采样点的数值提取

为了便于分析道路密度与站点密度的关系，有必要将两种数值提取到同一批数据上。本研究选取"点阵"作为提取的数据载体。"点阵"的特征是点在空间上分布均质，相邻的两点之间的距离是固定的，各点在空间上均质分布。

首先将各城市分析范围的矢量面数据转为栅格数据，栅格的像元大小即研究所设计的"点阵"的相邻点距离值。然后，将栅格数据转为矢量点数据，每个栅格像元对应一个矢量点，矢量点位于栅格像元的中心位置。该矢量点数据即为用来提取密度数据的"点阵"（图 3.14、图 3.15）。

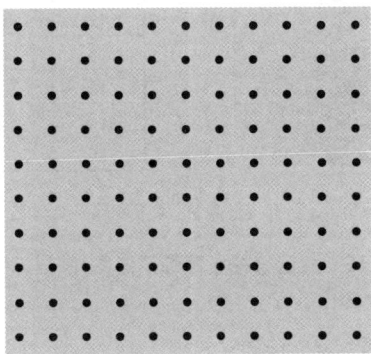

图 3.14　具有均质分布特征的提取点示意图

均质分布的"点阵"在提取数据时能相当程度地保证采样点位置的客观性、随机性。每个采样点上同时承载提取获得的道路密度数据和站点密度数据。如图 3.15 所示，"点阵"即矢量点，"数值 1"为道路密度数据，数据类型为栅格，"数值 2"为站点密度数据，数据类型同样为栅格。只要位于矢量点的空间范围内，理论上数值数量（图层数量）可以无限增加，除了栅格类型的数据，矢量类型的面数据也可以提取。多个数据提取到"点阵"矢量点之后，矢量点的属性表中即存储了每个点所在空间位置的各个数值，每个字段可存储一种数值。后续利用这个属性表则能较为容易地分析各个字段的数值之间的关系（陈晨，2015）。

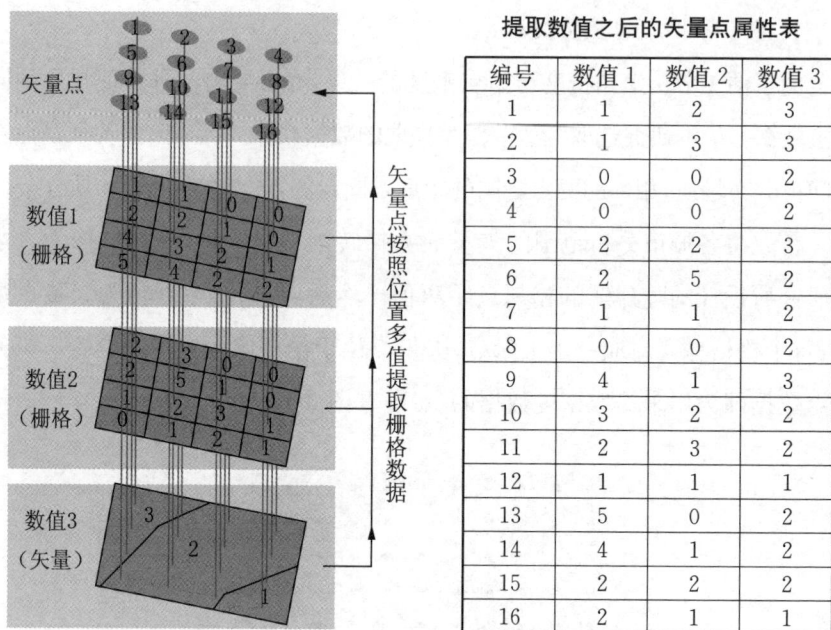

提取数值之后的矢量点属性表

编号	数值1	数值2	数值3
1	1	2	3
2	1	3	3
3	0	0	2
4	0	0	2
5	2	2	2
6	2	5	2
7	1	1	2
8	0	0	2
9	4	1	3
10	3	2	2
11	2	3	2
12	1	1	1
13	5	0	2
14	4	1	2
15	2	2	2
16	2	1	1

注:原文献插图中的3个数值分别有具体名称,本书删除了具体名称,用1、2、3代替。

图3.15 数值采样原理的示意图(陈晨,2015)

5. 采样点"点阵"间距的确定

上述"点阵"的间距应选取适当的值。若"点阵"间隔较密,则采样点数量较多,但对于计算机处理的负担则较重,且当"点阵"密集到一定程度之后,则对于数据分析精度的提升意义不再明显。若"点阵"间隔过于稀疏,虽然计算机处理负担减轻,但采样点数量则会较少,即后续分析的样本量会减少,影响分析精度。

二、密度计算结果

1. 道路密度计算结果

对九个城市分析范围内的道路密度进行分析,分别选择搜索半径500米、1 000米与2 000米三种情况进行分析。由于篇幅有限,全部九个城市仅列出搜索半径 500 米下的分析结果(图 3.16)。

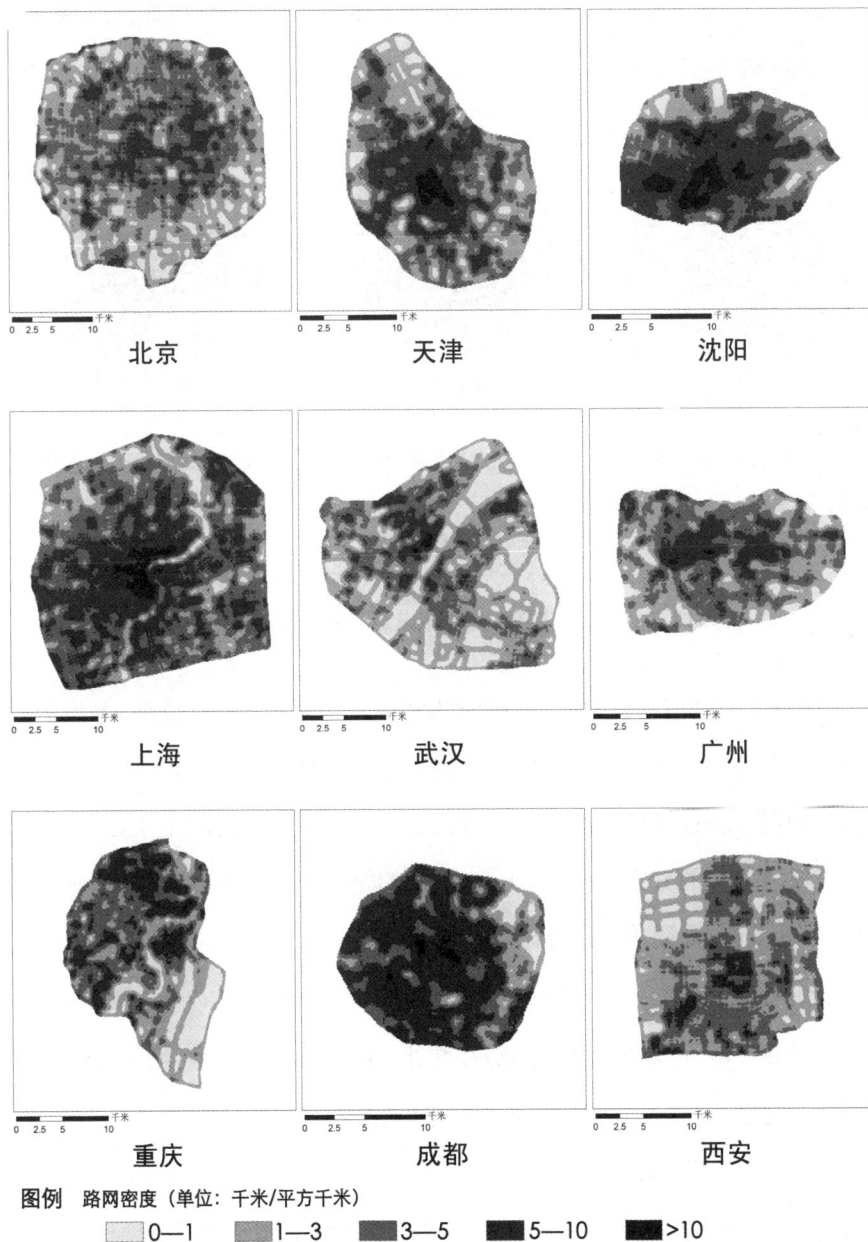

图例 路网密度 (单位: 千米/平方千米)
0—1   1—3   3—5   5—10   >10

图 3.16 九个城市的城市道路网密度图(搜索半径 500 米)

关于搜索半径差异带来的分析结果的变化,以北京为例,搜索半径较小时,高低值区域分布相对较为详细、零碎,搜索半径较大时,高低值区域分布相对比较概化(图 3.17)。

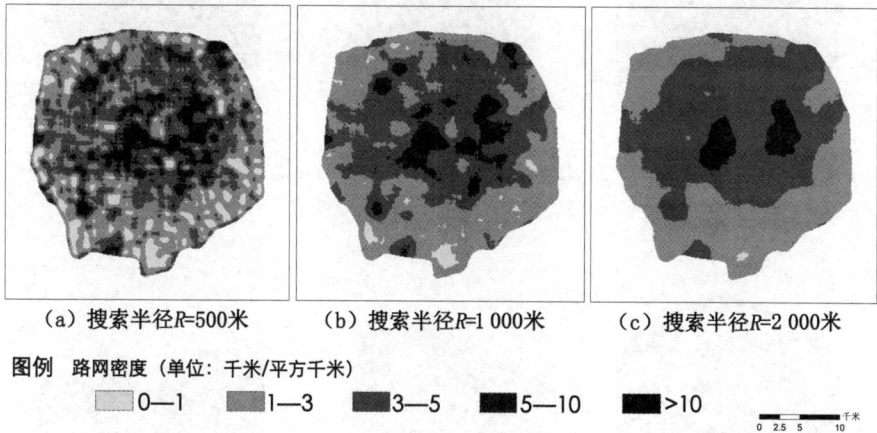

（a）搜索半径R=500米　　　（b）搜索半径R=1 000米　　　（c）搜索半径R=2 000米

图例　路网密度（单位：千米/平方千米）

　　0—1　　1—3　　3—5　　5—10　　>10

图 3.17　不同搜索半径下的城市道路网密度图(以北京为例)

比较九个城市的路网密度(搜索半径 500 米下):沈阳、成都、上海的路网密度相对较高,天津中心区域的路网密度也很高;武汉、广州、重庆在局部区域路网密度较高,但是区域差异较为明显,这可能与山体(重庆、武汉)、水域(武汉、广州)的分布有关系;北京、西安的路网密度总体较低,局部高值区域也不如上海、沈阳等城市突出。

较多文献推荐的城市路网密度应达到 5 km/km² 左右。从数值上看,大于 5 km/km² 的路网密度区域,在沈阳、上海、成都占研究范围的一半左右,而在北京、西安等城市则远低于一半的比例。

2. 站点密度计算结果

对九个城市站点密度分析。与路网密度分析同样,分别选择搜索半径 500 米、1 000 米与 2 000 米的情况进行分析。三个搜索半径下的分析结果仅列出北京作为示例(图 3.18)。搜索半径差异带来的影响规律与路网密度分析类似。

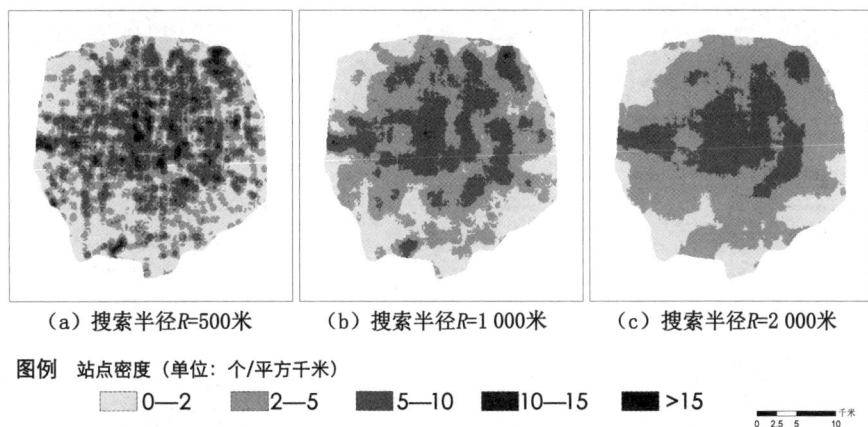

（a）搜索半径R=500米　　（b）搜索半径R=1 000米　　（c）搜索半径R=2 000米

图例　站点密度（单位：个/平方千米）

0—2　　2—5　　5—10　　10—15　　>15

图 3.18　不同搜索半径下的站点密度图(以北京为例)

全部九个城市在搜索半径 500 米下的分析结果如图 3.19 所示。总体上,上海、广州、沈阳、成都的站点密度相对较高;北京、西安的站点密度分布较低;天津、重庆等城市在局部区域的密度较高。

从数值上看,每个城市的站点密度在多数区域几乎都达到了 2 个/km²,上海、沈阳、广州、成都等城市有较多区域达到 10 个/km²,个别区域达到 15 个/km² 以上。

3. 考虑站点线路数量的密度计算结果

进一步地,计算考虑了线路数量的站点规模密度,分析结果如图 3.20 所示(以搜索半径 500 为例)。大体的规律与站点密度计算结果类似,广州在计入了站点线路数量后,总体的密度值相对其他八个城市较为突出。

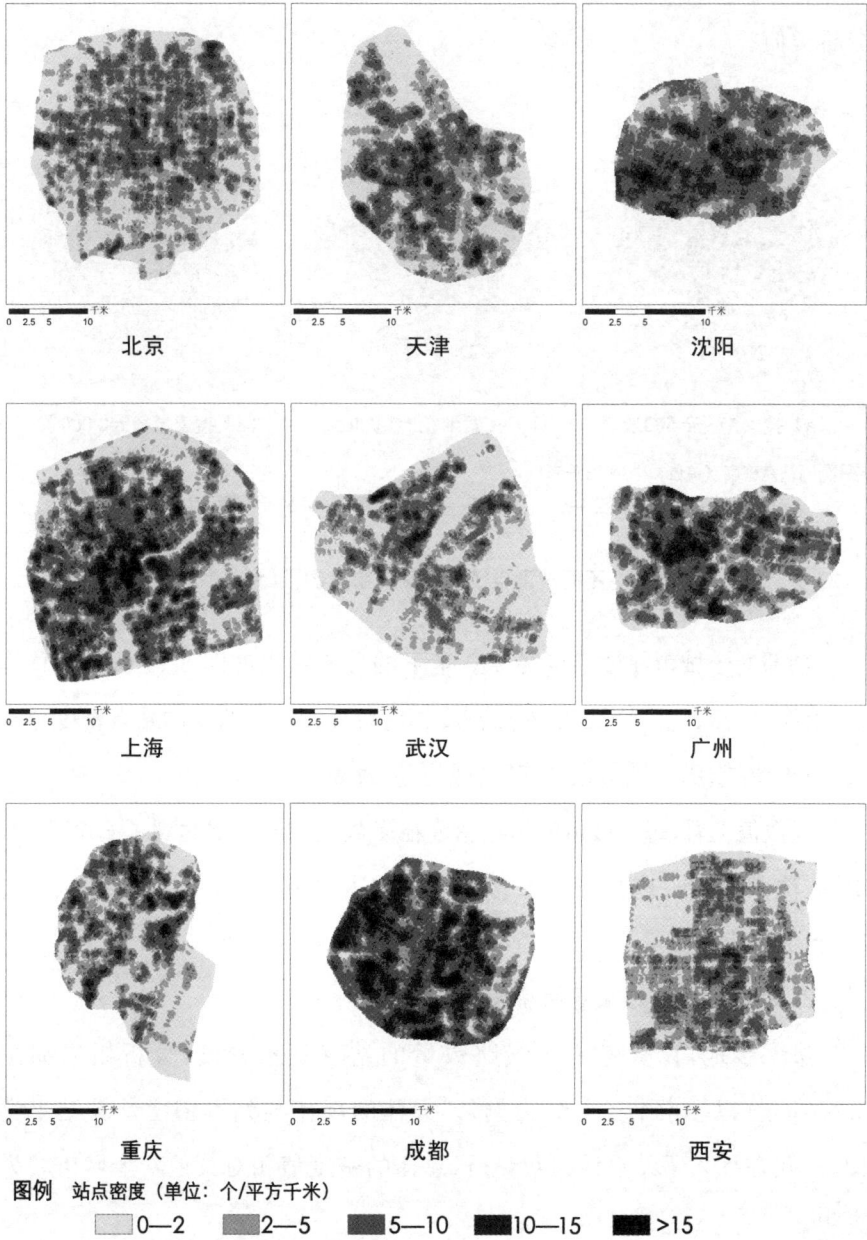

图例 站点密度（单位：个/平方千米）

□ 0—2　▨ 2—5　▧ 5—10　■ 10—15　■ >15

图3.19　九个城市站点密度图(搜索半径500米)

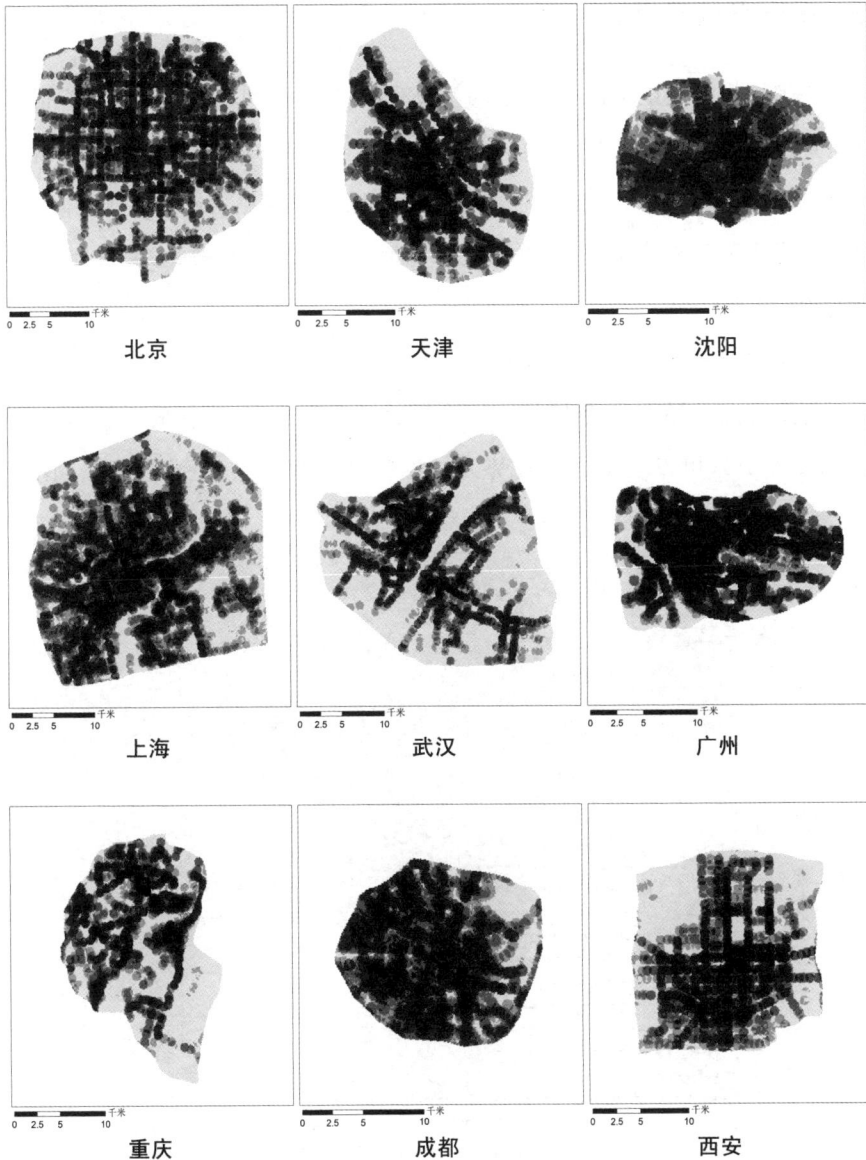

图例　站点线路密度（单位：条·个/平方千米）

　　　　0—5　　5—10　　10—20　　20—50　　>50

图 3.20　九个城市的站点线路密度图(搜索半径 500 米)

三、采样点数值分析

将上述不同搜索半径下的,不同城市的,不同指标的空间分析结果均提取到位置相对应的采样点上,为后续的数值分析做基础。本部分分析区域含九城且范围较大,密度统计搜索距离为 500 米时的采样点间距为 1 000 米,搜索距离为 1 000 米时的采样点间距为 2 000 米,搜索距离为 2 000 米时采样点间距为 4 000 米。

1. 采样点的站点密度与路网密度关系

将采样点的站点密度与路网密度属性绘制成二维散点图(图 3.21、图3.22、图 3.23),可以看出总体趋势为:路网密度越高,站点密度越大。由于

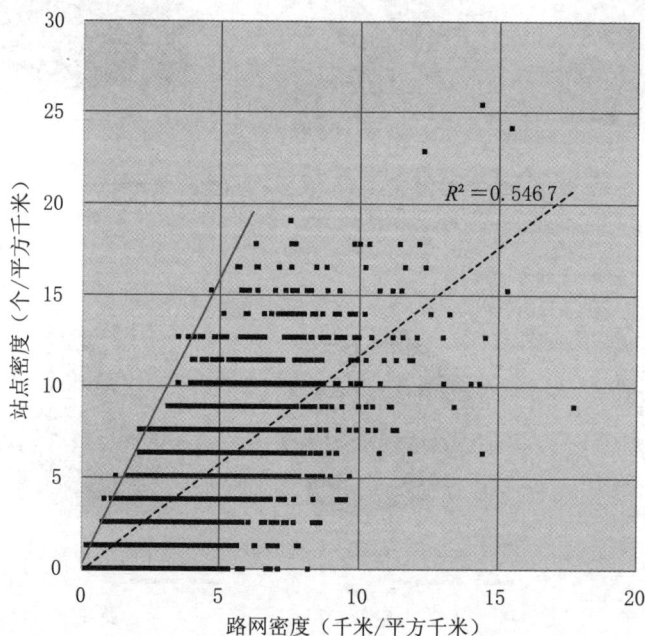

$R^2 = 0.546\ 7$

图 3.21　采样点的站点密度与路网密度的散点分布图(搜索半径 **500** 米)①

---

① 本回归分析中 P 值小于 0.01,后文的回归分析如无特别说明,P 值均小于 0.01。

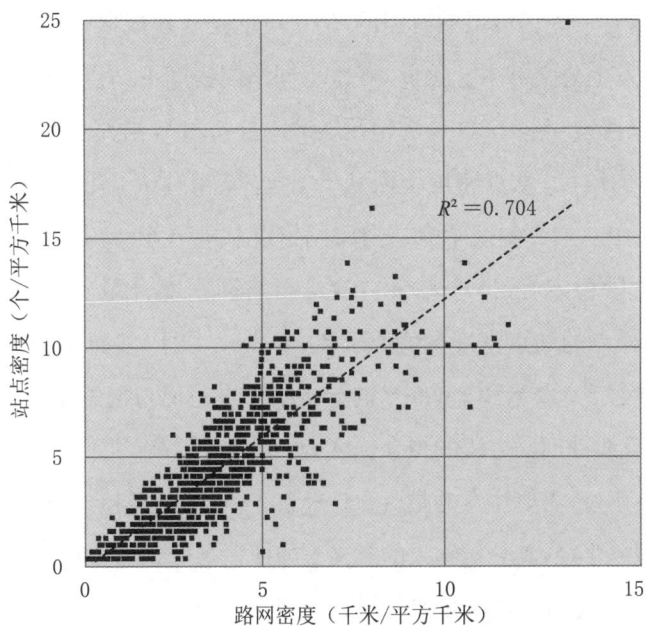

图 3.22　采样点的站点密度与路网密度的散点分布图(搜索半径 1 000 米)

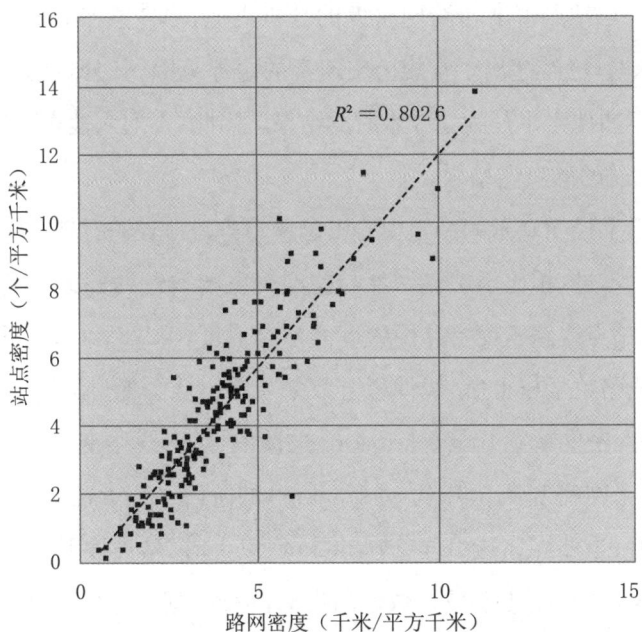

图 3.23　采样点的站点密度与路网密度的散点分布图(搜索半径 2 000 米)

城市区域内有一些区域虽然有路网,但是可能是非建成区,或者低密度开发区域,较少发生公交需求。因此,观察不同路网密度下站点密度的上限比较有意义。以搜索半径 500 米的情况为例(图 3.21),当路网密度从 0 升至 5 km/km² 的阶段,站点密度上限从 0 升至 20 个/km²,几乎是线性增长关系(图 3.21 中左上方斜线示意);当路网密度从 5 升至 10 km/km² 的阶段,站点密度上限稳定在 20 个/km² 左右;当路网密度升至 10 km/km² 以上时,多数采样点的站点密度数值位于 20 个/km² 以下,少部分数值较大。

搜索半径 1 000 米和 2 000 米的分析结果也呈现与搜索半径 500 米类似的规律,并且线性回归方程的拟合优度 R^2 值相对更高,说明其更接近线性增长的规律。不过,需要注意的是,1 000 米和 2 000 米已经超出的一般的常规公交站点的服务半径,其分析结果的意义不如搜索半径 500 米的结果。

2. 采样点的站点线路密度与路网密度

类似地,将采样点的站点线路密度与路网密度属性绘制成二维散点图(图 3.24)。与站点密度与路网密度的分析类似,当搜索半径达到 1 000 米或 2 000 米时,已经超出了常规公交通常的服务范围,其分析的结果的意义已经明显不如搜索半径为 500 米时的结果。因此,不列入搜索距离 1 000 米和 2 000 米时的散点图结果。

从搜索半径 500 米的结果中看出总体趋势为:路网密度越高,站点线路密度越大。不过,相比于站点密度与路网密度的线性回归方程的拟合优度(0.546 7),站点线路密度与路网密度的拟合优度(0.278 3)明显低。说明引入站点的线路数量权重后,线性拟合效果下降。从图像(图 3.24)上也能观察到,当路网密度从 0 升至 5 km/km² 的阶段,站点线路密度的上限上升较快;但是当路网密度从 5 升至 10 km/km² 的阶段,站点线路密度的上限并无明显上升;当路网密度升至 10 km/km² 以上时,站点线路密度的上限明显回落。这说明,相比于站点数量的指标,考虑站点线路权重后,路网密度增加的起初阶段有利于站点线路数量,但是路网密度并不是无限制地越大越好,路网密度大于 10 km/km² 后,反而明显限制区域内的站点线路数量。

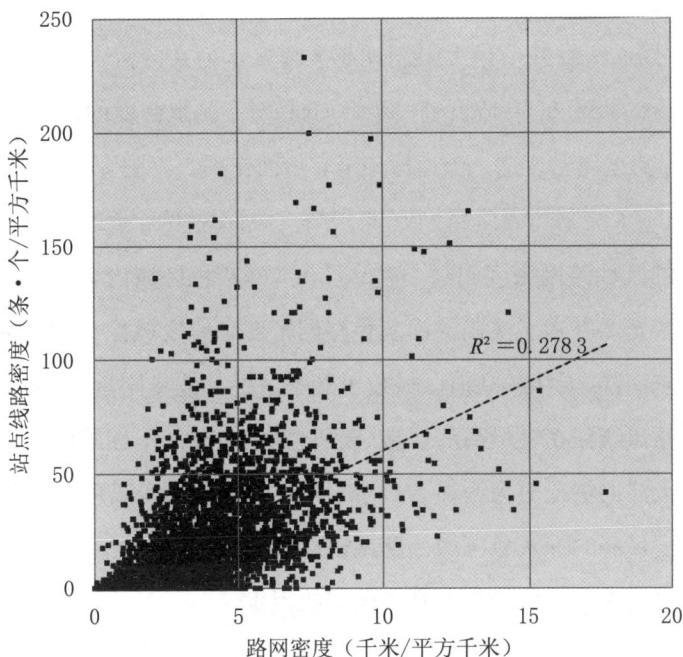

图 3.24 采样点的站点线路密度与路网密度的散点分布图(搜索半径 500 米)

四、分析结论

第一,在点、线密度空间分析的栅格结果的基础上,采用矢量采样点提取多重栅格属性数据的方式,处理效率较高,采样点的数据使用方式灵活。基于采样点的属性表可以方便地进行空间上相同位置的多重属性数据的统计分析(例如回归分析)。

第二,总体而言,路网密度的提升对于公交设站、设线有明显的正向作用。尤其是在路网密度数值相对较低的区间,如果能够从 0 提升至 5 km/km² 的水平,对于公交站点布局密度的提升有明显作用。根据前文的统计,9 个城市的总体路网密度为 3.85 km/km²,7 个城市的路网密度不足 5 km/km²,因此我国大城市的路网密度还有较大的提升空间。5 km/km² 的路网密度,在均质的方格网路网中对应 400 米的交叉口间距,也就是 400 米边长的正方形街坊尺度。

第三,路网密度并不是无限制地越大越好。前文分析表明,当路网密度增加到 10 km/km² 左右,或者进一步增加时,对于站点密度的提升左右有限,并且对于站点线路密度这一个指标甚至有负面作用。以图 3.25 和图 3.26 为例,分别显示了沈阳和天津路网密度和站点线路密度最高的区域。两个图中深灰色的区域路网密度超过 14 km/km²,深灰色区域内交叉口间距普遍只有 100 米至 200 米。沈阳的深灰色路网密度高值区域位于和平区西北部和铁西区东南部,天津的高值区域位于和平区的劝业场附近。同时,提取的两个城市站点线路密度最高的区域(浅灰色区域)却并不在路网密度最高的而区域。天津的情况更为明显,站点线路最高密度的浅灰色区域几乎包围了路网密度最高的深灰色区域。路网密度过高,带来的交叉口间距过小,交通信号灯过于密集等可能是不利于公交的因素。

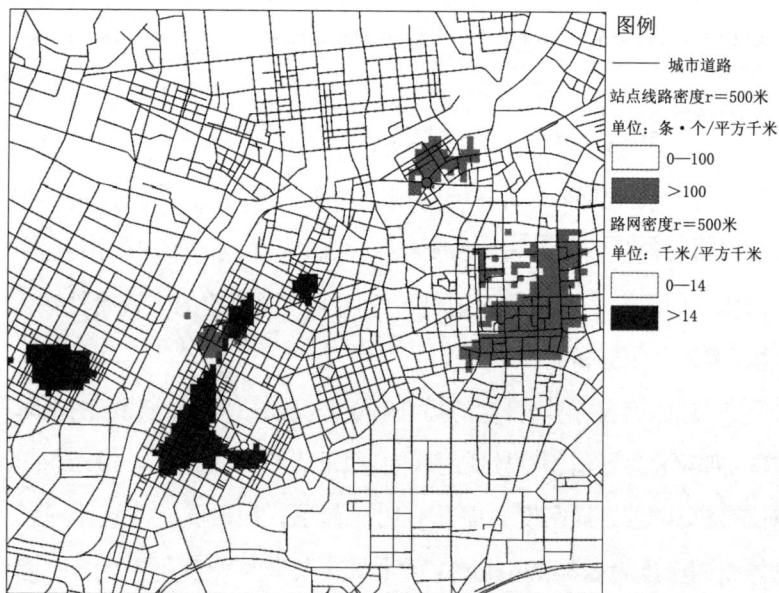

图 3.25　沈阳路网密度和站点线路密度最高的区域(搜索半径 500 米)

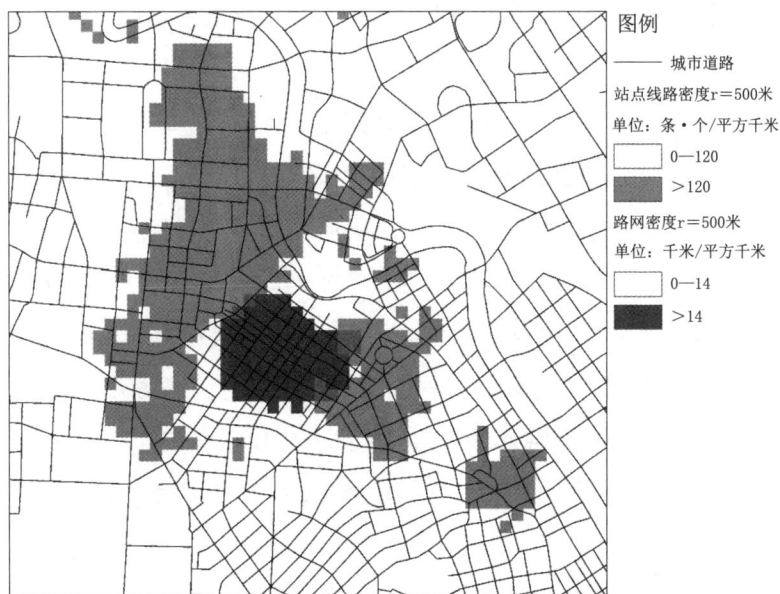

图 3.26 天津路网密度和站点线路密度最高的区域(搜索半径 500 米)

第四,虽然 1 000 米和 2 000 米超出了一般的常规公交的服务半径,但是关于 1 000 米和 2 000 米搜索半径下的采样点线性拟合结果仍有一定的解释意义。搜索半径越大,采样点的路网密度和站点密度的线性拟合效果越好。说明若要通过提升路网密度达到提升站点密度的效果,应当在较大范围内(如 1 000—2 000 米半径)整体考虑,较小范围的局部路网密度提升意义有限,难以产生实质性作用与效果。

第四节 进一步的讨论

一、研究结论与现行规范标准的比较

1. 关于道路等级的适宜性

现有的城市道路交通规划相关规范标准并未对城市道路等级与公交线

路、站点设置的适宜性提出硬性规定,但部分规范标准已提出了一些建议性的条文或者说明。

国家标准《城市道路交通规划设计规范 GB 50220-95》的 7.3.4.3 条规定:"支路应满足公共交通线路行驶的要求。"在对应条文说明中指出:"快速路和主干路上,机动车流量大,公共交通车站占用车道,使道路通行能力受到损失,所以应做港湾式停靠站";"次干路兼有'通'和'达'的作用,其上有大量沿街商店、文化服务设施,主要靠公共交通对居民服务。支路主要起'达'的作用,其上有较多的公共交通线路行驶,方便居民集散";"城市中支路密,用地划成小的地块,有利于分块出售、开发,也便于埋设地下地上管线、开辟较多的公共交通线路,有利于提高城市基础设施的服务水平"。

北京市地方标准《城市道路空间规划设计规范 DB11/1116-2014》7.2.7 条规定:"新建快速路辅路、主干路需要在路段上设置公交车站的,宜采用港湾式车站,并应保持道路绿化景观的连续性。"该标准未对道路等级与公交站点、线路的设置有进一步的规定。

从国家标准可以看出,虽然规范没有明确提出快速路与主干路设置公交的适宜性,但是在条文中鼓励支路通行公交,此外在条文说明中对次干路和支路通行公交均提出了支持。

次干路和支路通行公交可以有效地提升公交站点服务的覆盖率,并在一定程度上缓解快速路和主干路的交通压力。由于次干路和支路通常也具有生活性街道的功能,通行公交便于直接服务居民群众。因此,鼓励次干路和支路通行公交具有正面意义。此外,对于相关标准规范中未明确提及的关于快速路的适宜性的内容,本书也进行了研究,认为主干路比快速路在公交站点布局上有明显优势,并且快速路相比于次干路在公交站点的布局上并没有明显优势。本研究认为,相比于城市主次干路,快速路的通行能力的优势并没有在吸引公交设站上体现。

2. 关于路网密度的适宜性

对于路网密度与公交适宜性的关系,国家标准《城市道路交通规划设计规范 GB 50220-95》和北京市地方标准《城市道路空间规划设计规范 DB11/1116-2014》均未提出规定或者建议值。但对于一些相关性的内容,国家标准有一些规定与建议。

国家标准的 3.2.2 条规定:"在市中心区规划的公共交通线路网的密度,应达到 3 km/km²—4 km/km²;在城市边缘地区应达到 2 km/km²—2.5 km/km²。"由于该规范中明确定义的公共交通线路网密度指标的概念为:"每平方千米城市用地面积上有公共交通线路经过的道路中心线长度。"因此,显然,城市路网密度不应低于公共交通线路网的密度。根据前文研究,北京、西安、武汉的路网密度均不足 3 km/km²。由于城市路网不可能 100% 的路段都通行公共交通,所以这三个城市的路网密度明显不足以满足常规公交的需要。除了沈阳和成都,其余城市(例如上海、广州)的城市路网密度介于 3 km/km²—5 km/ km² 之间,要在现有路网条件的基础上实现国家标准规定的公共交通线路网密度的要求,也有一定困难。

然而,路网密度是否越高越有利于吸引公交进入,现行国家规范并没有给出答案。本研究结论表明,当搜索半径为 500 米(即考虑站点最人可能的服务距离)时,路网密度从 0 提升至 5 km/km² 时,对于公交站点的密度提升效果明显,但是当路网密度超过 5 km/km²,公交站点的密度就不再明显提升。以正方形方格网计算,5 km/km² 的路网密度对应 400×400 m 尺度的街坊单元尺寸。因而,400×400 m 尺度可以作为道路网络规划时的评估公交通行适宜性的一个参考值。

对于公共交通车站,国家标准《城市道路交通规划设计规范 GB 50220-95》3.3.1 条规定公共汽车与电车的市区线站距为 500—800 米,郊区线为 800—1 000 米;3.3.2 条规定:"公共交通车站服务面积,以 300 米半径计算,不得小于城市用地面积的 50%;以 500 米半径计算,不得小于 90%。"

在现有城市道路条件的基础上,若要提升城市的公共交通线路网密度,有两个可以努力的方向,其一是提高现有道路的公交通过比例,通过路权分配实现,其二是加大现有路网密度,从路网建设总量供应上解决问题。关于路网密度,上述意见针对的是城市全局尺度,对于局部路网密度已经很高的区域(例如 10 km/km² 以上),继续加大路网密度对于公交布站、设线的意义不大。关于路权优先,该措施在实际操作中一般是针对局部路段,若城市路网密度过低,局部公交优先对于城市整体而言只能是杯水车薪,若大范围路段公交优先,则矫枉过正。因此,以物质条件建设为手段提高城市路网密度则显得尤为重要。

二、关于快速路断面形式的讨论

前文关于分等级城市道路与站点设置的分析表明,单位长度快速路上的公交车站设置数普遍少于主干路与次干路。考虑了站点的公交线路数量之后的单位长度的站点线路数量指标的表现上,快速路也普遍低于主干路,但略高于次干路(详见图3.5、图3.6)。快速路的断面形式相比于支路、次干路、主干路更加复杂,有全封闭形式(包括地面、高架、隧道等)、非全封闭的形式(例如地面、高架及地面双层等)。在全封闭的路段,公交站点几乎不可能设站,因此有必要讨论快速路的断面形式对于公交的影响。

选择北京、上海、广州作为讨论对象,将快速路分为全封闭及非全封闭路段,其中非全封闭路段大致分为两类,一类是非全封闭的地面形式,另一类是高架及地面双层的形式(下文简称"双层")(图3.27)。

统计单位长度的三种快速路形式上的车站数量以及站点线路数,并与主干路、次干路及支路上的情况进行比较(表3.7)。

关于单位长度上的车站数指标,有以下特征:(1)全封闭路段由于无法设站指标数值均为0;(2)三个城市的非全封闭的地面快速路表现出了均低于主干路,也普遍低于次干路的特征(上海最为显著);(3)三个城市的双层

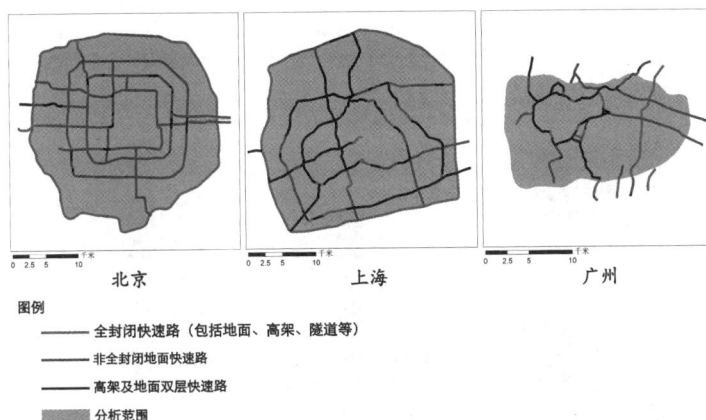

图例

——— 全封闭快速路（包括地面、高架、隧道等）

——— 非全封闭地面快速路

——— 高架及地面双层快速路

▨▨ 分析范围

图 3.27　对北京、上海、广州快速路形式的分类①

快速路普遍高于非全封闭的地面快速路，且与主干路和次干路的差值相对
较小（表 3.7、图 3.28）。

关于单位长度上的站点线路数指标，有以下特征：(1) 全封闭路段由于
无法设站指标数值均为 0；(2) 三个城市的非全封闭地面快速路均低于双层

表 3.7　不同形式的快速路与其他等级城市道路的站点总体布局情况

指　　标	城市	快速路			主干路	次干路	支路	总计
		全封闭	非全封闭地面	高架及地面双层				
每千米车站数（站/km）	北京	0.0	1.6	1.7	1.8	1.6	0.7	1.1
	上海	0.0	0.8	1.5	1.4	1.6	1.1	1.2
	广州	0.0	1.7	2.0	1.9	1.8	1.4	1.6
每千米站点线路数（站·条/km）	北京	0.0	17.7	19.3	13.7	7.9	2.2	6.7
	上海	0.0	3.2	8.7	8.0	6.2	3.0	4.2
	广州	0.0	30.7	34.9	29.1	13.4	4.4	14.6

① 图中不包括属于对外交通系统的高速公路。

（站/千米）

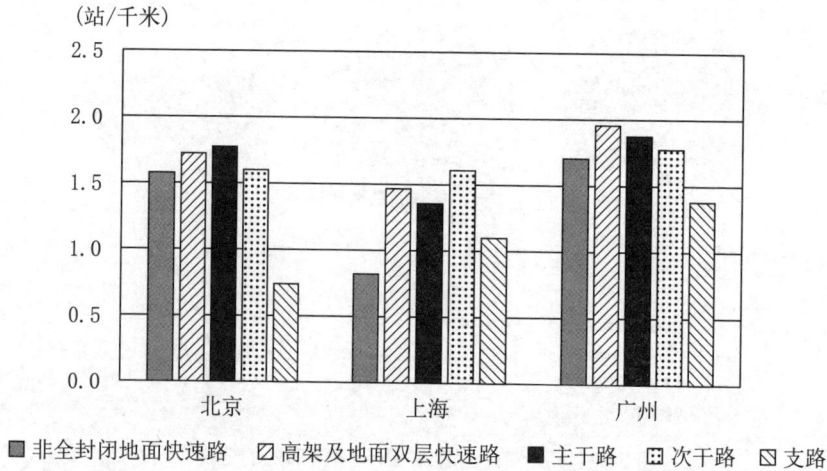

图 3.28　不同形式的快速路与其他等级城市道路的单位长度车站数

形式的快速路（上海最为显著）；（3）三个城市的双层快速路、主干路、次干路、支路的数值均呈现依次递减的趋势；（4）与北京、广州不同的是，上海的非全封闭地面快速路相比于主干路、次干路仍无数值优势，仅与支路相当（表 3.7、图 3.29）。由于本指标考虑了站点的线路数量，高等级道路路段的通行能力优势得到体现。

（站·条/千米）

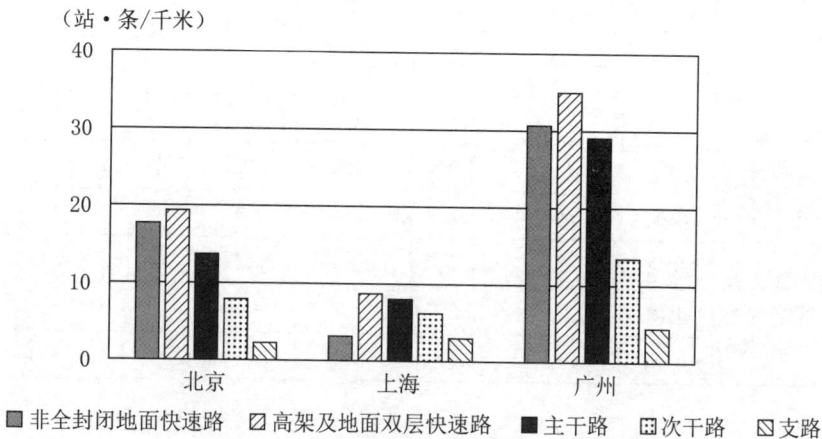

图 3.29　不同形式的快速路与其他等级城市道路的单位长度站点线路数

在两个指标中,上海的非全封闭地面快速路相比于双层快速路的劣势比北京、广州表现得更明显。造成该结果的原因可能与三个城市的快速路形式的构成比例相关。由图 3.30 可以看出,在非全封闭的快速路中,北京的非全封闭地面快速路占了绝大多数比例,上海的双层快速路则显著多于非全封闭地面快速路,广州的两种非全封闭形式的快速路长度则大致呈现1∶1 的关系。北京的双层快速路多在局部路段分布,"穿插"在非全封闭的地面快速路路段之间,给公交的选择空间较小;上海的双层快速路长度比例高,且贯通性好,提供给公交的选择空间较大,其公交适宜性的优势更能发挥;广州的情况则介于北京和上海之间。

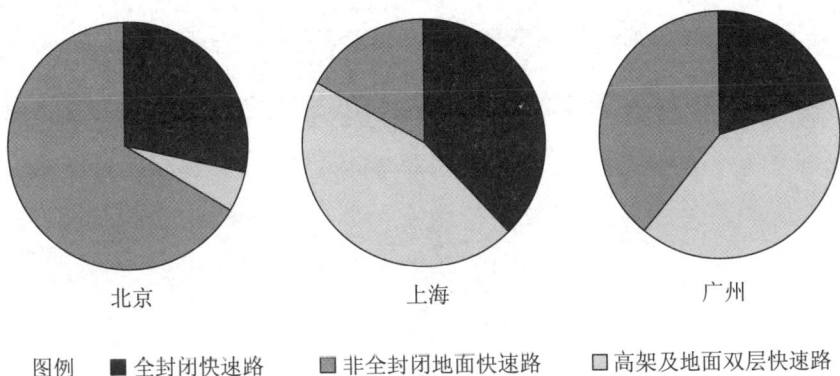

北京　　　　　　　　　上海　　　　　　　　　广州

图例　■全封闭快速路　　■非全封闭地面快速路　　□高架及地面双层快速路

图 3.30　研究范围内北京、上海、广州各类形式快速路的长度比例

双层快速路可以将机动车快速通过的功能分配在上层的高架中,因此下层的地面道路则不必过于强化其封闭性以提高机动车车速。城区内的双层快速路的地面部分通常可以与主次干路直接平交,地面部分的断面形式通常与主干路无本质区别,因此双层快速路在站点设置的适宜性上接近主干路。并且在考虑了站点的线路规模后,由于快速路相比于主干路的通行能力存在优势,双层快速路的站点线路数量相比于主干路还略有优势。相比于双层快速路,非全封闭地面快速路的缺点则比较明显。图 3.31 所示的是一种典型的非全封闭地面快速路局部平面（常见于北京），为了保证机动车快速通过，通常让中间车道承担该功能，并且在外侧设置隔离带以保证速度与安全。常规公交由于存在设站上下客需求，通常选择隔离带外侧的辅道行驶，站点通常设置在辅道旁的人行道或者分隔带上。

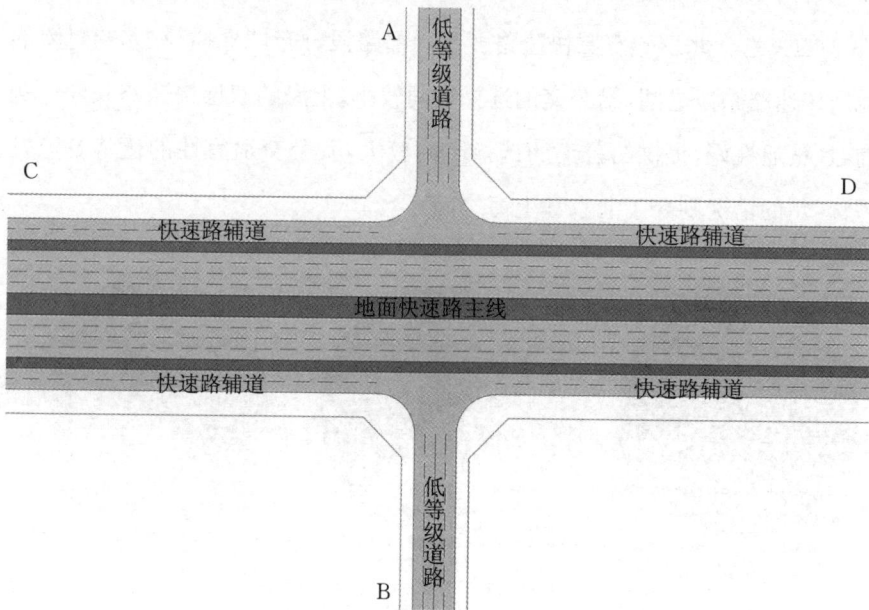

图 3.31　地面快速路阻隔城市低等级道路连通示意图

地面快速路的隔离效果对城市空间造成明显的"分割"影响。一方面，对于步行者来说，穿越地面快速路的困难相对较大，抵达公交站点不够方便。另一方面，对于机动车来说，由于地面快速路与较低等级的城市道路（例如支路、次干路）相交时，中间车道往往不能与较低等级的道路实现互通，因此行驶路径受限。以图 3.31 为例，从 A 处至 B 处虽然是直线，但无法直接通过交叉口，只能先转到快速路，选择合适的路口掉头或者绕行，增加了通行的成本；从 D 处到 B 处，无法直接左转，只能继续前行，增加绕行的距离。由此可见，地面快速路容易割裂低等级城市道路，造成公交线路有去无回（即上下行方向的站点距离较远），或者造成线路的绕行距离增加，既不适合市民乘用，也增加了企业成本。

本节通过细分快速路断面形式，讨论了断面特征差异对于公交适宜性的影响。李朝阳（1999）、陈小鸿（2004）、刘冰（2014）等学者均对于我国的城市道路分级体系进行了深入的讨论与研究。本研究中，不同快速路断面形式的差异性分析结果也表明了在某些领域的学术研究或者规划实践中，基于现有的城市道路分级体系对道路进行更有针对性、更具体的分类工作的意义。

三、进一步研究的方向

本章节对于道路的等级和网络密度与公交站点设置的关系进行了城市总体情况以及区域统计的分析。这部分研究针对道路路段的量，并未对路段之间的网络联系进行研究。

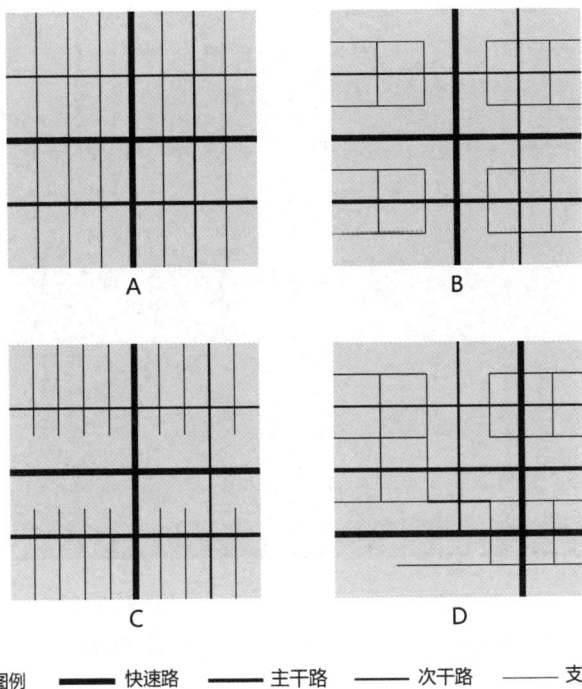

图例　━━ 快速路　━━ 主干路　── 次干路　── 支路

图 3.32　道路等级和道路密度相同情况下拓扑结构不同对路网影响示意图

　　城市道路不是散落的独立个体,而是互相之间有联系的网络。如图 3.32 所示,A、B、C、D 四个面积相同的区域内有同等长度的快速路、主干路、次干路与支路。若以前文研究识别四个区域的整体情况,会得出路网等级构成、路网密度一致的结论。然而,这四个区域的路网结构却差异甚大。A 区域是均质的方格网路网,B 区域形成四个支路组团结构,C 区域有明显的南北两个"鱼骨状"结构,D 区域的路网则相对比较不规则。在图论或者地理学领域中,四个区域的路网的结构差异可以视为拓扑结构的差异。公共交通在这四个拓扑结构不同,但等级结构和网络密度相同的区域是否会产生不同的使用效果? 拓扑结构如何产生影响? 这些问题的研究将在后续章节中展开。

　　即使在路网等级结构、路网密度、路网拓扑结构均相同的情况下,不同区位下路网对于公共交通的使用可能也会有不同的效果。如图 3.33 所示,A 区位于城市中心地区,B 区位于城市边缘地区,如果单纯针对两个区域内

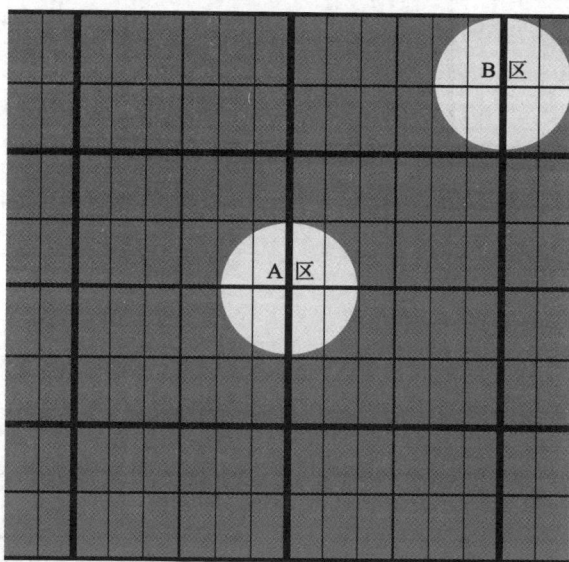

图例 ——— 快速路　——— 主干路　——— 次干路　——— 支路

图 3.33　区位对于路网作用发挥影响示意图

部进行研究,会得出路网等级结构、网络密度、拓扑结构一致的结论。因而,需要针对路网在城市总体路网中的区位进行进一步分析。由于一小块区域中的路网是城市总体路网结构的一个部分,从拓扑结构的角度上说,区位问题聚焦于区域内部拓扑结构与总体拓扑结构的关系。

因此,有必要引入拓扑结构的概念,针对路网进行拓扑结构的量化分析。后续章节将针对这一方向进行深入探讨。

第四章
道路网络拓扑结构

路网形态是城市规划路网设计工作需要重点考虑的属性之一,其受到城市地形、既有路网建设基础、功能布局等多种因素的影响。将路网形态抽象为拓扑结构是开展这一属性定量化研究的可靠路径。本章主要在拓扑结构的视角下,将路网结构中的路段和交叉口抽象为"节点"和"边",并基于社会网络分析法中的"中心性"系列指标展开讨论。以上海作为主要案例城市,开展实证研究,分析比较路段拓扑结构量化指标和公交线路数量之间的关系,并识别关键影响参数。

第一节　网络与拓扑结构

一、拓扑的基本要素与结构

1. 拓扑网络基本要素——节点与边

节点(Node)与边(Edge)是路网拓扑数据结构中的两种基本数据要素,也是拓扑分析的所必需的两类要素。

以图 4.1 为例,节点为点,边为线,通常情况下,通过边将节点连接起来,构成一个网络。

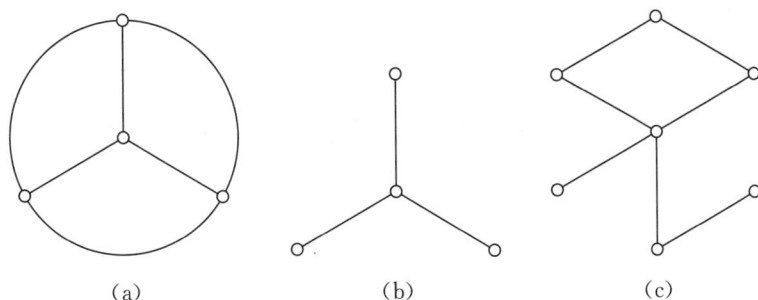

(a)　　　　　　　　(b)　　　　　　　　(c)

图 4.1　拓扑网络示例

2. 网络拓扑结构的有关指标

衡量网络的拓扑结构的指数通常有 α 指数、β 指数、γ 指数等(杨吾扬，1986；Cook，2002；刘世梁，2007)。

(1) α 指数(环度)

α 指数又称环度。是网络中环通路的量度，即网络中的实际回路数量与可能存在的最大回路数量的比值。其计算公式为：

$$\alpha = \frac{e - n + 1}{2n - 5}$$

其中，e 为网络中的边数，n 为网络中的节点数。

$e\ -\ n+1$ 为网络中的实际环线数量，$2n-5$ 为网络中的最大可能环线数量。α 指数的值区间为 0 至 1。路网中完全没有环线则 α 指数为 0，路网中具有最大环线数量则 α 指数为 1。

如图 4.1 所示，(a)网络的 α 指数为 1，(b)网络的 α 指数为 0，(c)网络的 α 指数为 0.1。

(2) β 指数(边点率)

β 指数是指网络中每一个节点所邻接的边的平均数。其计算公式为：

$$\beta = \frac{2e}{n}$$

如图 4.1 所示，(a)网络的 β 指数为 3，(b)网络的 β 指数为 1.5，(c)网

络的 β 指数为 2。

(3) γ 指数

γ 指数是指网络中实际边数与可能存在的最大边数的比值。其计算公式为:

$$\gamma = \frac{e}{3n-6}$$

如图 4.1 所示,(a)网络的 γ 指数为 1,(b)网络的 γ 指数为 0.5,(c)网络的 γ 指数为 0.47。

二、传统地理路网空间中的拓扑

1. 关于节点和边的定义

在传统的地理路网空间中,拓扑结构中的节点对应路网中的交叉口或尽端端点;拓扑结构中的边对应路网中的路段。

2. 路网的连接度

路网连接度又称连结度,也有一些文献称之为连通性,是指路网中每个节点(含交叉口和尽端端点)所连接的路段数量的平均值。其计算方法为:

$$W = \frac{\sum_{i=1}^{N} m_i}{N} = \frac{2M}{N}$$

其中,W 即路网连接度;N 为路网中的节点总数(即交叉口或端点总数);m_i 为第 i 个节点所连接的边数(即路段数);M 为路网总边数(即总路段数)。

如图 4.2 所示,(a)路网为均质方格网路网,其连接度为 3.2,(b)路网为非规则格网,其连接度为 2.8,(c)路网为放射路网,其连接度为 1.8。

一般来说,连接度越高,路网之间的通达性越高,体现在路网形态上的表现就是,断头路少,成网性好。

由于上述计算方法未考虑交叉口的连通性,将交叉口物理连接特性及

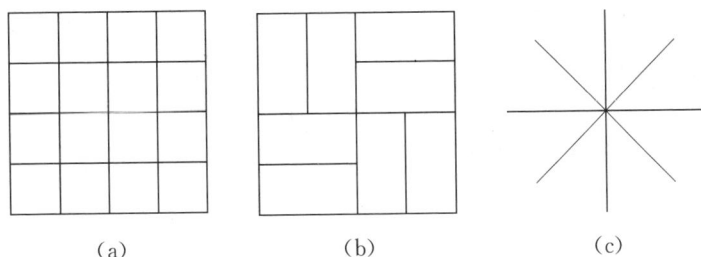

（a） （b） （c）

图 4.2 用于计算相关指标的几个示例路网

交通管制影响纳入计算模型,增加计算方法的复杂程度,则可以使连通性结果更符合实际情况(周涛,2015)。

3. 路网的连通度(C 指标)

路网的连通度是指规划区域内各节点依靠路段相互连通的强度。该指标反映了路网中各节点之间的连通状况(施耀忠,1995)。该指标的计算方法为:

$$C = \frac{L/\xi}{nH} = \frac{L/\xi}{\sqrt{nA}}$$

其中,C 为路网中节点的连通度;L 为研究区域内路网总长度;ξ 为研究区域内的路网非直线系数;n 为研究区域内应连通的节点数;H 为相邻两个节点之间的平均直线距离;A 为研究区域的面积。

若路网内的每条路段均为直线时,则 ξ 值为 1。此时,L/H 值即为路网中的路段数量,因此 C 值为路网中的路段数量与节点数量的比值。一般来说,当 C 值越大,则路网连通度越低,C 值越小,则路网连通度越高。

以图 4.2 中的几个路网为例,(a)路网为均质方格网路网,其 C 值为 1.6;(b)路网为非规则格网,其 C 值为 1.4;(c)路网为放射路网,其 C 值为 0.9。

对于连通度指标,一些学者在此基础上有一些修改,以适应具体问题的分析(徐军,2000)。

4. 小结

路网的连接度、连通性指标是将路网数据抽象为拓扑结构,建立"节点—边"的数据结构,进行指标的计算。这些指标能够一定程度上反映路网总体的通达性、畅通性、成网性。

三、从经典拓扑到对偶拓扑

1."节点"和"边"含义的区别

前文所述的传统地理空间中的路网拓扑指标的概念有一个共性,就是对于节点和边的定义一致,即节点对应路网交叉口(或尽端端点),边对应路网中的路段。上述传统定义方法称之为经典拓扑。所谓经典拓扑也是地理研究领域中广泛应用的数据结构。与此对应的,还有一种重要的拓扑结构定义方法,称之为对偶拓扑。在对偶拓扑方法下,进行路网数据构建时,节点对应路网中的路段,而边对应路网的交叉口。图 4.3 表示了经典拓扑的路网表达方式转换为与对偶拓扑后,各个路段的对应关系,并且通过连线方式在对偶拓扑图形中表示了路网路段之间的连接结构(即交叉口的连接关系)(Porta,2006a,2006b)。

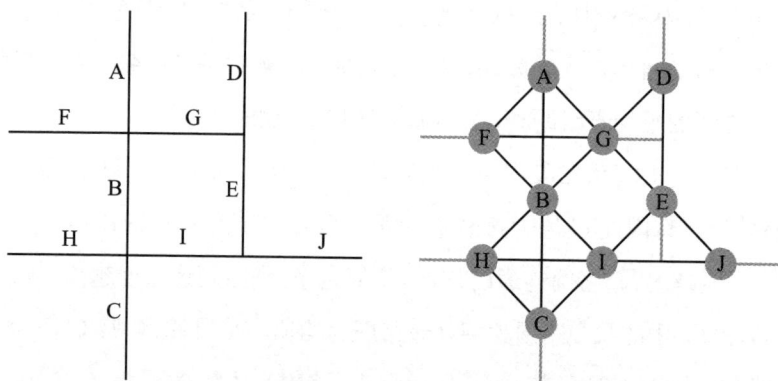

图4.3　将传统拓扑路网图转换为对偶拓扑网络图

社会网络分析法(Social Network Analysis)和空间句法(Space Syntax)是近年来城市社会学及城乡规划学领域常用的两种研究分析工具,其使用的分析方法与对偶拓扑方法的原理存在关联,并且在评价基本元素的重要性上发展出了较为成熟的方法。

2. 社会网络分析法中社群图与对偶拓扑的关系

社会网络分析法是社会学领域重要的研究方法。当代社会网络分析诞生自 20 世纪 60 年代至 70 年代期间（Scott，2012）。社会网络分析法提供了度量社会人（或群体）之间的关系网络特征的工具。该方法从绘制"社群图"的研究发展而来。"社群图"类似拓扑网络图。以图 4.4 为例，图中的每个节点为一个社会人或者群体，线为人或群体之间的联系关系。在社会网络分析中，可以将节点对应的人或者群体统一称之为网络内的"角色"（actor），对应拓扑网络中的"节点"，将行动者之间的联系关系称为"关系纽带"（relational tie），对应拓扑网络中的"边"。在社会网络分析中，关系纽带可以具有方向属性，也可以不定义方向属性。

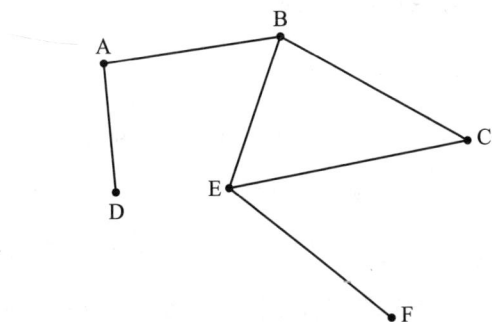

图 4.4 "社群网"示例图

3. 空间句法中的空间关系与对偶拓扑的关系

空间句法是研究空间组合规则的一种数学方法。该方法由伦敦大学学院（University College London）的比尔·希利尔（Bill Hillier）及其同事于 1984 年正式提出（Hillier，1984）。

空间句法的基本研究对象是"凸空间"，"凸空间"是构成空间系统的基本元素。以图 4.5 所示的两室一厅的户型图为例，每个房间可以抽象为一个"凸空间"，房间与房间之间的空间联系关系可以靠"凸空间"之间的连线表示。各个房间在空间上与其他房间的联系关系可以通过抽象后的拓扑图观察得到,譬如客厅与四个房间相连,厨房只与一个房间相连。由此可见,在空间句法中,空间系统的基本要素包括"凸空间"及其之间的联系关系。抽象后的"凸空间"关系图是拓扑结构,"凸空间"对应"节点",联系关系对应"边"。

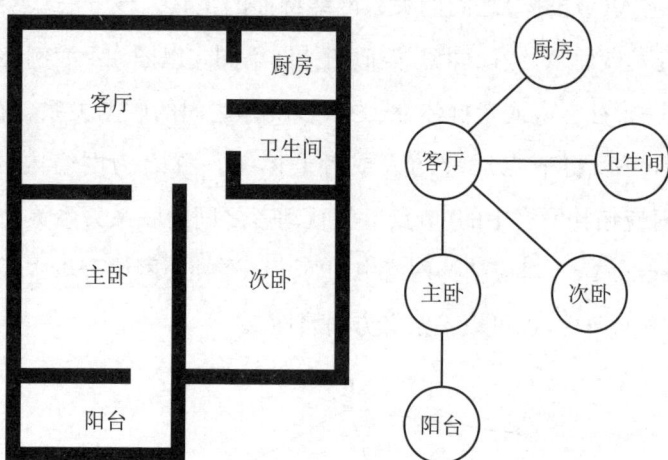

图 4.5　空间句法中"凸空间"关系抽象为拓扑结构图

在线性空间中,空间句法用视域轴线表示"凸空间"。如图 4.6 所示的街道空间,首先绘制视域轴线图(即左图中的中心线),每个视域轴线为一个视线贯通的直线,将视域轴线的空间联系关系抽象为拓扑结构图,即视域轴线对应"节点",视域轴线之间的空间联系关系对应"边"。从该图中可知,b 段街道与周边三段街道直接联系,为街道空间中直接联系关系数量最多的街道路段。

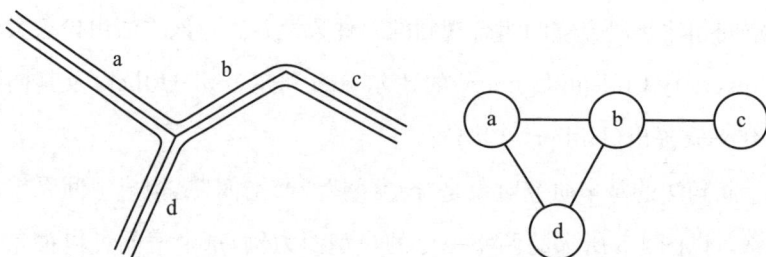

图 4.6　空间句法中的街道空间通过视域轴线转换为拓扑结构图

传统地理路网分析、社会网络分析、空间句法中的基本要素与拓扑结构中"节点"与"边"的对应关系如表 4.1 所示。

表 4.1　传统地理路网分析与社会网络分析、空间句法中节点与线的概念对应关系

拓扑概念	传统地理路网分析	社会网络分析法	空间句法
节点(node)	交叉口或尽端端点	角色(actors)	凸空间(convex space)或者轴线(axial line)
边(line)	路段	角色之间的关系纽带(relational tie)	凸空间(轴线)之间的连接关系

四、节点的重要性评价——中心性

1. 节点的中心性

拓扑网络中,每个节点由于所处的位置不同,相互的联系关系不同,会表现出彼此之间的特征差异。这种差异在抽象前的空间关系(或者社会关系)上,通常体现为空间属性(或者社会网络中的角色属性)的差异。因此,无论是空间句法还是社会网络分析法,均着重对节点在拓扑网络中的重要性进行研究,并试图建立其与现实问题中的事物属性特征之间的联系。

在空间句法的应用中,经常需要识别建筑物室内空间、广场、街区,乃至一个城市的中心。无论节点的表现形式是凸空间还是视域轴线,整个数据系统中节点均是通过拓扑关系连接。因此,空间句法以节点为着力点,进行指标的评价,通过节点指标的评价结果识别区域的中心。连接性(connectivity)、深度(depth)、集成度(integration)等指标均可用于评价节点的重要性,识别空间的中心。因而,上述重要性可以称之为中心性(centrality)。在交通研究中,空间句法的这些概念也可得到应用,中心性高的区域一般为交通可达性较好的区域。

在社会网络分析法中,需要关注的一个核心问题是,角色在网络中的重要性。社会网络分析中一般将所谓重要性也称之为中心性。巴弗拉斯

(Bavelas)探索了环状、链状、树状等几种典型结构下的中心性特征,为后续的研究提供了基础(Bavelas,1950)。在社会网络分析法中,测度中心性的指标包括节点的度数(degree)、靠近性(closeness)、中间性(betweenness)等(Freeman,1977,1978,1980)。

空间句法和社会网络分析法在拓扑结构抽象化及拓扑结构分析上存在密切联系。关于节点中心性的测度原理也基本一致,相应的具体指标之间存在对应关系(表4.2)。

表 4.2　空间句法与社会网络分析法中心性指标的对应关系

空间句法概念	社会网络概念
程度(degree)	度数或连接性(degree or connectivity)
集成度(intergration)	靠近性(closeness)
选择度(choice)	中间性(betweenness)

2. 中心性的测度方法

城市路网可以抽象为对偶拓扑结构(图4.3),因而其节点(即路段)的重要性也可以参照空间句法和社会网络分析法中的中心性指标的评价方法。中心性的相关指标由简入繁、由浅入深依次包括连接性、深度、靠近性、中间性等。

(1) 连接性(Connectivity)

该指标又称程度、度数(degree)。其含义为:对于任意节点(node),计算该点在拓扑关系上直接相连的其他点的个数。如图4.3所示,节点A的连接性为3,节点B的连接性为6,节点J的连接性则为2。对于路网中的路段来说,两端交汇交叉口所连接的路段越多,则连接性好,否则连接性则较差。

(2) 深度(Depth)

对于某节点至另一个节点,所需经过的最少的节点次数称之为深度。还有一个概念为全局深度(Total Depth),指的是范围内所有其他节点到该节点的深度之和。对于某个节点来说,全局深度越低,通常其可达性越高。

（3）靠近性（Closeness）

该指标又称集成度（integration）。该指标数值越高，则表明该节点越容易到达其他节点。其计算方法为：

$$Closeness_{ir} = \frac{N-1}{\sum_{j=1,\, j\neq i}^{N} d_{ij}}$$

其中，$Closeness_{ir}$ 为任意节点 i 在指定的搜索半径 r 范围内计算而得之靠近性；N 为节点 i 在指定半径 r 范围内所能够搜索到的节点总数；d_{ij} 为节点 i 与节点 j 之间的最短网络距离，即所经过的最少的节点次数。

（4）中间性（Betweenness）

其指一定范围内的任意两个节点之间的最短路径经过某一节点的程度。该指标体现节点在网络中的重要性。该指标数值越高，则表明该节点中间性越高。弗里曼（Freeman，1977）提出了中间性指标的计算方法：

$$C_B(p_k) = \sum_{i<j,\, i\neq i\neq k}^{n} b_{ij}(p_k)$$

其中，

$$b_{ij}(p_k) = \frac{g_{ij}(p_k)}{g_{ij}}$$

$C_B(p_k)$ 为节点 k 的中间性；n 为节点总数；$b_{ij}(p_k)$ 为节点 k 在节点 i 和节点 j 之间的最短路径上的可能性；g_{ij} 为节点 i 与节点 j 之间的最短路径的数量；$g_{ij}(p_k)$ 为节点 k 经过节点 i 与节点 j 之间的最短路径的次数。

$C_B(p_k)$ 是一个中间性的绝对值指标，随着网络节点规模的增长，该值通常会指数级增长。弗里曼（Freeman，1977）还提出了中间性的相对值指标的概念，便于比较不同规模的网络中，节点在整个网络中的相对重要性。相对中间性 $C_B'(p_k)$ 的计算方法为：

$$C_B'(p_k) = \frac{2C_B(p_k)}{(n-1)(n-2)}$$

上述的节点中间性指标的计算方式是基于整个网络,进行的指标运算。进一步地,中间性指标也可以限定搜索半径,在网络中的一定范围内,针对节点进行计算。

3. 靠近性和中间性指标的比较

靠近性和中间性均是拓扑数据结构中评价中心性常用的指标。因指标的定义不同,在具体问题的分析中,两个指标的作用存在明显区别。

关于靠近性,以图 4.7 为例,无论是(a)网络或者(b)网络中的实心符号节点,与其他任何节点的深度均为 1,根据靠近性的计算规则,两个实心符号节点的指标值是一致的。然而,(a)网络的节点与边的数量明显地大于(b)网络,若考虑节点之间存在联系,发生"流量",则(a)网络的实心符号节点重要性明显高于(b)网络的实心符号节点。若使用中间性指标,则能反映这一特征区别。根据中间性指标 $C_B(p_k)$ 的定义,一个节点的数值反映了任意两个节点之间的最短路径经过该节点的次数。因此,若涉及节点联系量化的研究,通常中间性比靠近性更适合用来评价节点的中心性。

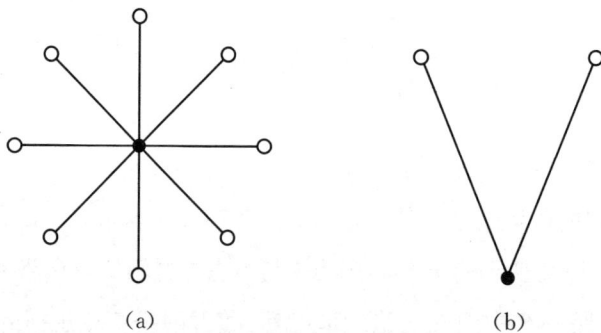

（a）　　　　　　　　　　（b）

图 4.7　左右两图中,实心符号节点的靠近性指标一致

五、引入其他属性的拓扑结构

1. 纯粹仅考虑拓扑关系的局限

将空间关系抽象后的拓扑网络仅保留拓扑关系属性,抽象过程中去除

了节点和边的物理和社会属性。在城市路网的对偶拓扑图中,节点代表路段,最基本的拓扑网络不保存路段的长度、等级、区位等信息;边代表路段间的连接关系,拓扑网络一般也忽略路段连接时的角度变化等信息。

高度抽象化之后的拓扑结构有利于简化数据模型,重点突出拓扑关系属性,不用考虑其他因素的影响或干扰,可以高效地进行处理分析,其分析结论在一定程度上能够解释问题。然而,若要进一步研究涉及空间尺度,考虑空间的非均质性的问题时,纯粹的拓扑关系数据结构与计算规则的局限性则凸显出来。

拉蒂(Ratti,2004)指出空间的米制距离、道路的拥挤程度,乃至路段的线型角度变化、路网的交叉口角度等均会对与"可达性"相关的实际路径选择产生影响。这些因素哪怕只有微小的变化,对于网络中节点的实际通达性都会产生重要的影响,不能简单忽视。

因此,一些学者在原有基础上对于中心性指标的计算方式进行了改良,引入了距离、角度等因素,也提出了一些改进轴线定义方式的尝试(Jiang,2002;Hillier,2005;Turner,2007;Chiaradia,2009)。

2. 引入长度距离

空间句法已经可以设定搜索半径来限定每个轴线计算中心性指标所涉及的数据范围(Hillier,2004)。对于节点本身,是否考虑长度距离,对于中心性指标也有关键影响,如图 4.8 所示,左侧路网为均质路网,所有路段长度一致,右侧路网的中心区域路段较短,外围区域路段较长。若不考虑路段的长度距离,则两个路网的拓扑关系完全一致,然而学者日益认识到城市设计问题不可简单忽视经济因素,路段长度的差异性对通行时间产生直接影响,且影响任何交通方式,将路段按米制距离分段的方法则能实现将节点的长度属性引入中心性的计算(Chiaradia,2009)。

3. 引入角度距离

角度对路网的影响主要体现在两个位置,即路段内部和交叉口。对于

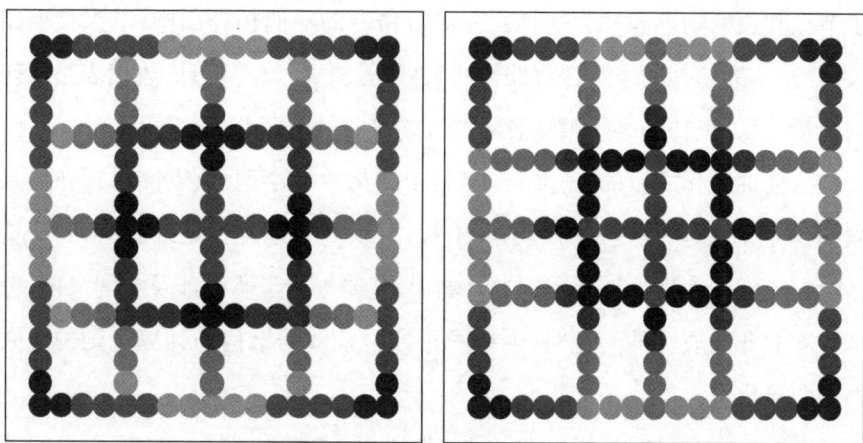

图 4.8　将米制距离引入网络结构的思想(Chiaradia，2009)

两个节点之间,如果有两条路径的距离长度一致,但是其中一条所有的路段都是直线,而另一条路径所有的路段都是曲折线,在实际交通中,路段的角度变化特征一定会影响路径的选择。同理,如果上述两个路径中,有一个在经过交叉口时只需要转换一次方向(其他交叉口均直行),而另一个路径在每个交叉口均需要转换一次方向,虽然路径长度相同,实际选择时可能转向次数少的路径更受青睐。

　　因此,有必要将角度的变化因素引入到中心性的计算中。希利尔(Hillier,2005)提出了最短角度变化的路径概念。区别于最短米制距离、最短转向次数的定义,最短角度变化的数值与每次转向的角度值相关。例如,直行则计值为 0,右转 90 度则计值为 1,180 度转向则计值为 2。进一步地,这个方法可以加权到中心性指标的计算中。角度加权的深度计算方法为,角度的变化值除以直角角度值。如图 4.9 所示,路段 P 至 Q 在交叉口角度变化45 度,则 P 至 Q 的角度距离为 0.5(即 45/90＝0.5)(Turner,2007)。引入角度加权后,米制距离和角度可以结合,在中心性指标的计算中综合体现(Chiaradia,2009)。

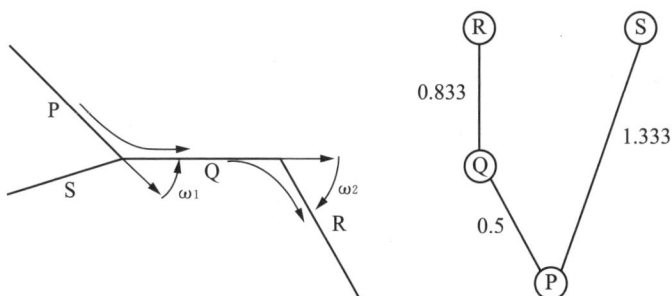

图 4.9 角度加权法图示(Turner, 2007)

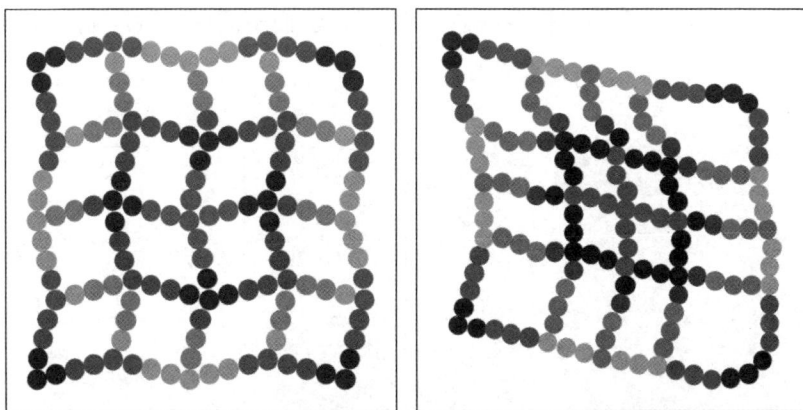

图 4.10 将角度引入到网络结构的思想(Chiaradia, 2009)

长度和角度是实际路网中拓扑结构需要补充考虑的两个重要属性。道路环境、断面形式、功能等属性也会对实际的中心性产生影响,但不如长度和角度两个因素关键。在技术上,将其他属性也纳入拓扑网络的中心性计算中,不存在明显的障碍,但是若考虑因素过于复杂,可能使模型过于臃肿,对于模拟结果的可靠性提升有限,甚至适得其反。因此,需要将那些属性纳入中心性计算指标,需要根据具体问题而定,并且遵循尽可能用简单模型进行模拟并解释的原则。

六、节点的抽象方式

节点是拓扑网络中的核心数据,节点的抽象方式对于拓扑结构的分析结果有着关键的影响。

1. 视域轴线法

视域轴线法是空间句法中常用的一种节点抽象方式。该方法以一个视域轴线作为一个拓扑节点。在该方法下,一条直线道路,无论是否通过交叉口,只要方向不变,均视为一个节点。在曲线道路中,则因曲线曲率,街道宽度等因素,会不断产生新的视域轴线,因而曲线道路中会产生大量的节点(图 4.11)。值得注意的是,即使在同一段曲线或者折线路段,轴线的绘制结果也具有一定的不确定性,并非总是唯一答案,而不同的轴线绘制结果对于中心性的计算结果会有明显差异。

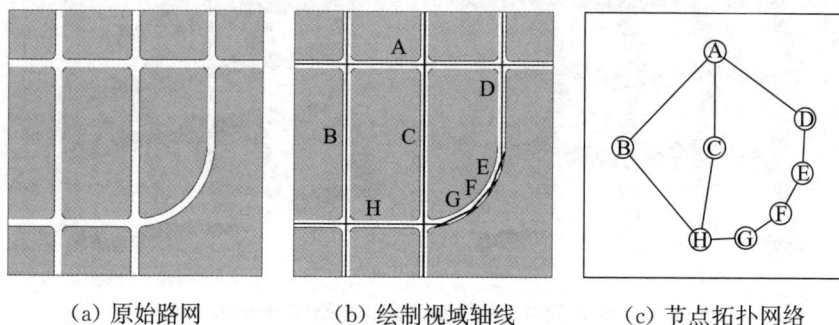

(a) 原始路网　　　　(b) 绘制视域轴线　　　　(c) 节点拓扑网络

图 4.11　视域轴线抽象法

2. 路段法

路段法则根据交叉口划分路段。根据该方法,任何一个路段均为一个节点,且一个单独的路段不因视域轴线的变化而划分为多个节点(图 4.12)。相比于视域轴线法,虽然路段法忽略了路段内部因线型变化带来的视域变化,但由于近年来空间句法已经可以在路段内部引入距离、角度等因素,因此路段法可以在抽象节点时存储比视域轴线法更丰富的信息(Turner,2007)。

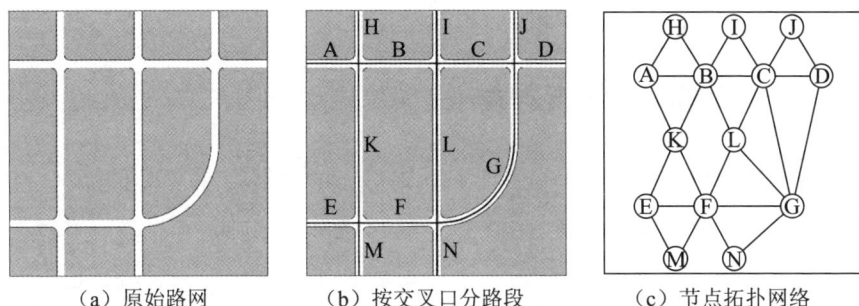

（a）原始路网　　　　　（b）按交叉口分路段　　　　（c）节点拓扑网络

图 4.12　路段抽象法

3. 视域轴线法与路段法的适用比较

视域轴线法适用于面状空间特征强的研究,例如建筑学针对的广场、街道、建筑与场地的关系等方面的研究。对于步行的研究,视域轴线法也有一定的适宜性,因为步行者在选择路径时,通常相对自由,受到周边建构筑物围合而产生的空间影响较为明显。步行者在街道、广场、公园等地步行时,路径限制较少,可以在面状空间内相对自由地活动,根据视域轴线,选择下一步的路径,可以折返、曲线前行、甚至可以接近"布朗运动"。对于比较陌生环境中的步行者,可见不可见对其行为会有很大影响,而公共交通运营企业会对行驶的道路仔细勘察后决定行驶路线,两种行为存在明显差异。对于依赖城市道路的机动车交通来说,车辆只能在车道上行驶,被严格限制在线性空间上运行。并且在城市路网上行驶的机动车需要遵守交通规则,不得随意折返、曲折前行,通常只有在交叉口处才能有下一步路径的选择。由于本研究针对的是常规公交,因此,用路段法抽象节点是较为合适的选择。

4. 其他方法

除了视域轴线法和路段法之外,还有一些抽象节点的方法。例如路划法、特征点法或路名识别法。路划法将自然延伸不被割断的道路抽象为一个节点(徐柱,2012)。特征点法则将道路中譬如交叉口、转折点等典型特征点作为一个节点(Jiang,2002)。路名识别法将同样路名的路段合并为一个节点,该方法受命名规则影响因而局限性较大。

七、拓扑结构影响的客观存在

城市路网以及开敞空间的拓扑结构对城市的发展存在客观的影响。中国古代城市多有一条中轴线,不管是大都市,还是小县城,中轴线往往都是一个城市最繁华的区域,经常是一个城市的商业中心。从拓扑结构的角度来看,中轴线上的道路一般是整个城市可达性最好,也就是中心性最高的路段。这意味着这些路段上容易吸引更多的交通流量、活动,产生较多的商业、工作机会。以西安为例,从明清时期直至今日,中轴线上的南北大街一直是城市最重要的街道,也是目前公交线路最集聚的街道之一。[①]

有学者通过数据相关性分析证明了道路的中心性指标与房价、商业等存在明显的相关关系(Porta,2012;陈晨,2013;肖扬,2015)。波特(Porta,2012)通过对西班牙巴塞罗那的道路中心性分析,发现其与商业活动存在明显的相关性,且与居民生活服务密切相关的商业关系更明显。陈晨(2013)也用类似的方法在长春进行了研究,得出了商业网点与交通网络中心性存在较强关联性的结论。肖扬(2015)以南京为案例,利用路网数据和住宅价格样本数据,发现了在一定的搜索距离下,道路中心性和住宅价格两者的相关性表现得较明显。

常规公交作为一种受道路建设条件影响,对交通流量敏感,面向最广大的市民群体服务的基本公共服务,其线路的布局很难不受道路中心性的影响。如图4.13所示,相比于路网等级结构空间布局特征,上海的路段公交线路数量分布显示出明显的不均衡性,一些较高等级的路段的公交线路数量并无优势,这说明在道路等级以外,路网的拓扑结构特征很可能是影响公交线路选择的重要因素。

[①] 唐长安的中轴线位置和明清西安的南北中轴线位置不同,今西安的南北中轴线与明清时期相同。

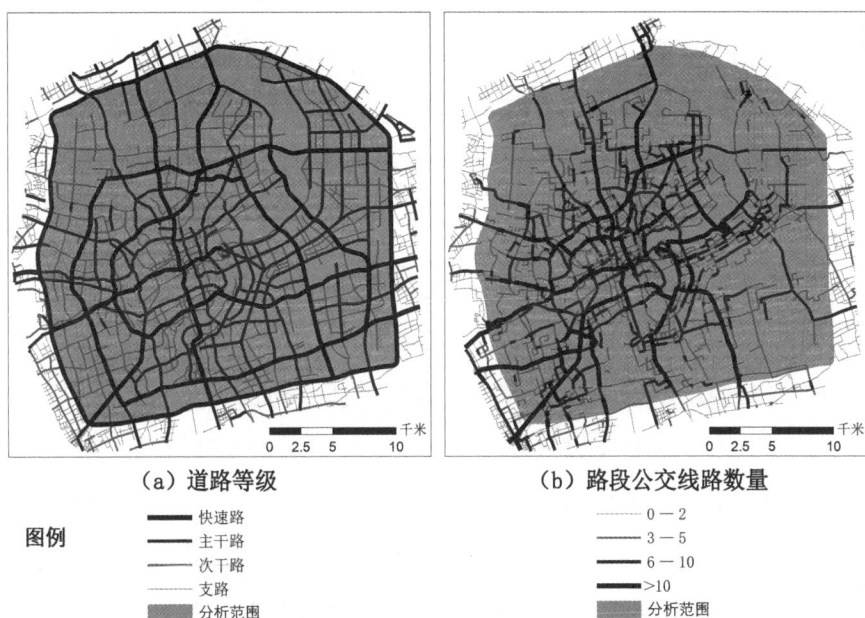

（a）道路等级　　　　　　　　　　（b）路段公交线路数量

图例

━━	快速路
━	主干路
─	次干路
⋯	支路
▨	分析范围

⋯⋯	0 — 2
─	3 — 5
━	6 — 10
━━	>10
▨	分析范围

图 4.13　上海城市道路等级分布与路段公交线路数量分布比较

叶彭姚(2012)在上海浦东新区外环内划了若干样本区域,对路网中心性和公交线网密度之间做了回归分析,指出了两者之间的线性正相关性。该研究对路网中心性与公交线网密度关系做出了探索新研究,方法与结论有较高价值和意义,但仍存在一定的局限性。首先,该研究对城市的片区人为划分了若干区域,划区的过程存在人为不确定性,且城市片区难以代表整个城市。其次,该研究对每个区域内部进行单独分析,割裂了区域之间的有机联系。再次,该方法所采用的数据处理平台(Stroke Analysis)仅存储节点的长度、拓扑邻接关系等属性,不能存储其他类型的属性,因此难以进行更深入的研究。因此,本研究试图在已有探索的基础上,改进方法,使之适用于城市整体,不受人为划区影响,可纳入非拓扑属性数据进行更深一步的研究。

第二节 分析方法与关键参数

一、软件与基本要素

1. 平台与工具

本研究的运行平台选择 ArcGIS Desktop 10,使用 Spatial Design Network Analysis(以下简称 sDNA)作为计算工具(Chiaradia,2015)。

sDNA 是英国卡迪夫大学(Cardiff University)的克里斯平·库珀(Crispin Cooper)、阿兰·恰瓦拉迪亚(Alain Chiaradia)以及克里斯·韦伯斯特(Chris Webster)共同设计的一套分析软件。该软件于 2012 年开始设计,后续不断地进行功能完善,于 2015 年公布 2.3 版本,2016 年公布了 3.4.5 版本。该软件的核心功能是网络分析,与其他网络分析工具(例如 ESRI 的 ArcGIS 软件的网络分析工具箱[Network Analysis Toolbox])的不同包括其数据格式的定义和学科领域的结合等。该软件设计时将空间网络分析和交通模型相结合,其融入了空间句法(Space Syntax)和社会网络分析(Social Network Analysis)中的一些思想。这些跨领域的结合在软件数据模型和运算分析模型中均得以体现。

2. 基本要素

路段(link)与连接点(junction)是 sDNA 中数据建立的基本要素,其要素的构成特征也是影响数据分析结果的关键因素。

以机动车交通视角下的道路中心线数据为例,sDNA 中的路段即为两个道路交叉口之间或者一个道路交叉口与一个道路尽端端点之间的多段线,连接点即为不少于三个路段同时连接的道路交叉口。

可见,sDNA 数据与城市规划工作中所绘制及使用的城市道路中心线要素基本一致。不同之处在于,AutoCAD 道路中心线中不存在实体的连接

点要素,只有实体的路段要素。然而,AutoCAD 的道路中心线数据转换入
ArcGIS 平台后,在网络分析工具箱建立网络时,则会生成连接点要素。这
说明 ArcGIS 的网络分析和 sDNA 所需的数据要求一致。因此,在城市规
划工作中,AutoCAD 平台的路网中心线数据可兼容于 sDNA。

　　由于 sDNA 引入了空间句法(Space Syntax)和社会网络分析(Social
Network Analysis)中的一些思想,其路段和连接点在拓扑概念中对应的位
置与一般的网络分析有所不同,具体的对应关系如表 4.3 所示。

表 4.3　sDNA 与社会网络分析、空间句法中的概念(数据)与拓扑概念的对应关系

sDNA 数据结构	拓扑概念	ArcGIS 平台中数据表现形式
路段(link)	节点(node)	多段线(Polyline)
路段之间的连接点(junction)	联系线(line)	点(Ponit)

二、距离度量方式

　　在 sDNA 中,计算路段之间的最短路径(即测地线[Geodesic])时,有三
种主要的距离度量方式,即欧氏距离(Euclidean distance metric)、角度距离
(Angular distance metric),以及自定义距离(Custom distance metric)。

　　欧氏距离度量法使用标量几何长度(单位可以是米)计算两路段之间的
最短路径。如图 4.14 所示,Link C 和 Link D 之间可选两个路径,Link A 和
Link B,由于前者的标量几何长度较短。因此,按照欧氏距离度量,Link C
和 Link D 之间的最短路径为 Link A。

　　角度距离度量法使用路径中的角度变化量来判断两个路段之间的最短路
径。如图 4.15 所示,虽然 Link B 的几何长度比 Link A 长,但是 Link B 路段只
有一个拐弯,且角度变化小于 90 度,但 Link A 路段有 13 处位置角度发生变
化,且每次角度变化值均不低于 90 度,因此 Link A 的角度距离远高于 Link B。
因此,按照角度距离度量,Link C 和 Link D 之间的最短路径为 Link B。

  自定义距离度量法可以根据路段属性表中自定义字段的数值作为依据来判断两个路段之间的最短路径。如图 4.16 所示,Link A 的自定义字段数值为 2 000,Link B 为 1 000,按照自定义字段值,Link C 和 Link D 之间的最短路径为 Link B。

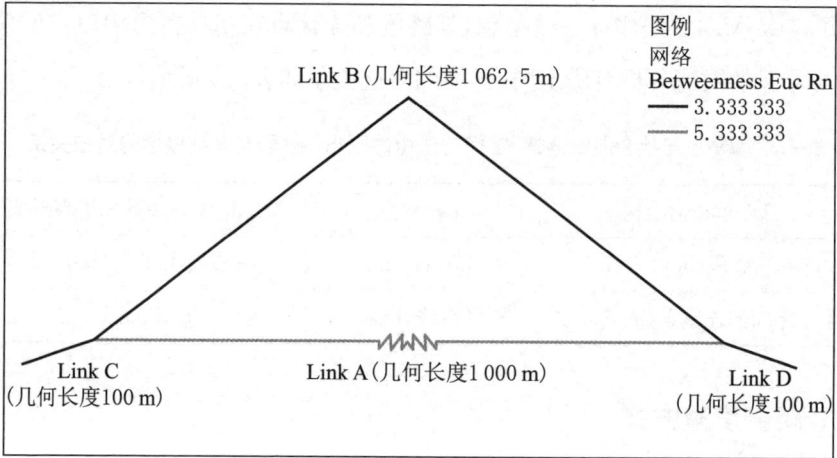

图 4.14　按照欧氏距离度量,从 Link C 至 Link D 间最短的路径为 Link A

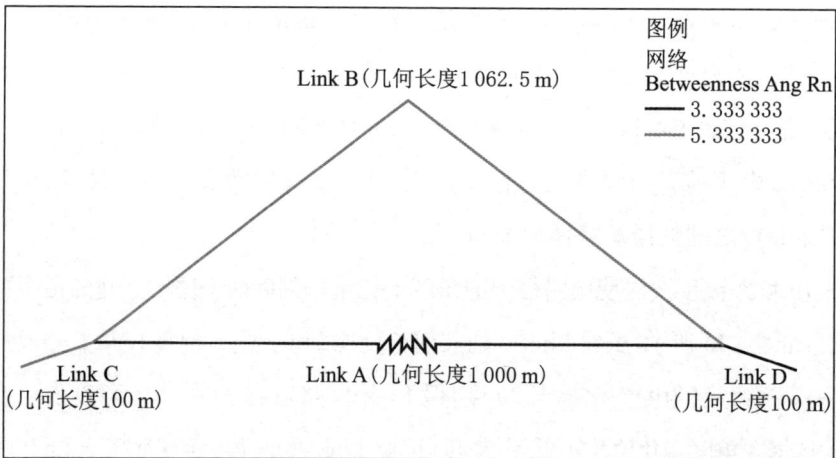

图 4.15　按照角度距离度量,从 Link C 至 Link D 间最短的路径为 Link B

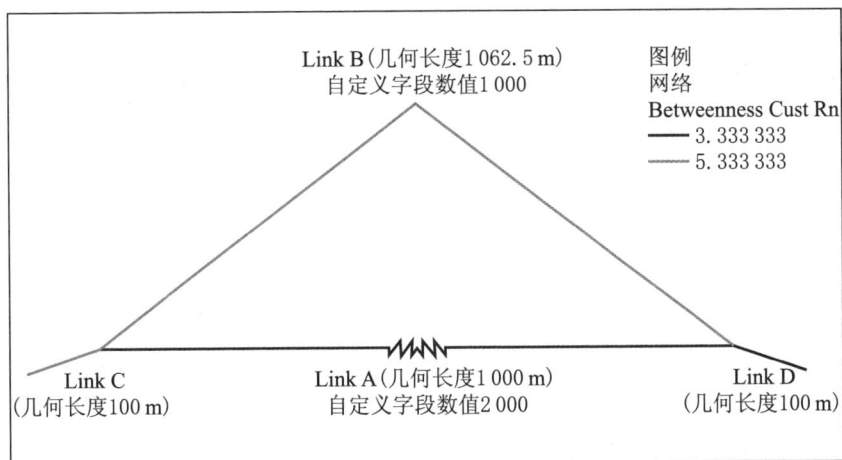

图 4.16　按照自定义距离度量，从 Link C 至 Link D 间最短的路径为 Link B

三、计算原理与方法

sDNA 可以分析连接性、靠近性、中间性等中心性指标，中间性（betweenness）指标是核心指标。sDNA 的中间性指标原理基于弗里曼（Freeman，1977）的指标定义，但又根据地理空间、交通网络等研究需要，做了进一步的拓展与优化。

1. 中间性指标（Bt）的计算原理

首先，需要指定搜索距离 Ry，指定路段 x 的位置。然后，以网络结构中任意路段 y 的中心为圆心，Ry 为半径，半径范围内的所有路段都可以是路段 z，分别计算任意路段 z 与 y 的最短路径，若最短路径经过路段 x，则记录一次。

以图 4.17 为例，整个路网由 15 个路段组成，计算路段 1 的中间性。路段 1 即为 x，x 为固定位置。指定搜索半径 Ry 值为图中灰色圆的半径值。路段 y 为非固定位置，y 以路网中的每个路段分别计算一遍。当路段 y 为路段 2 时，搜索半径的圆心位于路段 y 的中点位置，半径值为 Ry 的圆覆盖了路网中的路段 1、2、3、4、5、7、8、9、10、12、13、14、15。上述被搜索圆覆盖的路段均要作为路段 z 与路段 y 进行最短路径计算。若路段 x 位于路段 y 和路段 z 的最短路径上,则按照下文中的公式为路段 x 的中间性赋值一次,且所有赋值需求和。

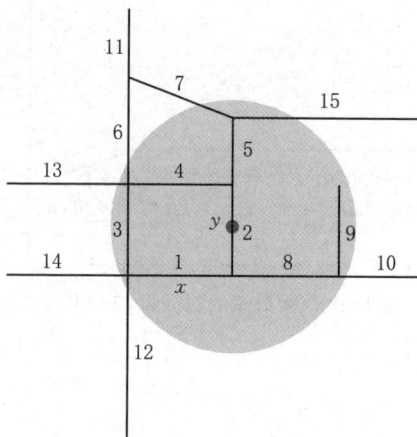

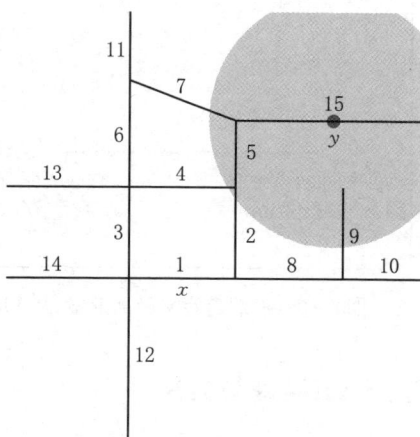

图 4.17　sDNA 中间性指标计算方法图示一　图 4.18　sDNA 中间性指标计算方法图示二

以图 4.18 所示,当路段 y 为路段 15 时,搜索半径的圆心位于路段 y 的中点位置,半径值为 Ry 的圆覆盖了路网中的路段 2、4、5、7、9、15。此时路段 y 与上述路段之间的最短路径均不可能经过路段 x。则路段 y 为 15 时,路段 x 的中间性赋值的求和值为 0。

最后,将路段 y 为路段 1 至 15 的所有情形下为路段 x 所赋值得到的中间性数值求和,即为路段 x 在搜索半径 Ry 下的中间性数值。

2. 中间性指标(Bt)的计算方法

中间性指标(Bt)的计算方法如以下公式所示[①]:

$$Bt(x) = \sum_{y \in Nz} \sum_{z \in Ry} P(z) OD(y, z, x)$$

---

① 公式源自 Chiaradia, A., Cooper, C., Webster, C. sDNA a software for spatial design network analysis. Cardiff University, 2015. http://www.cardiff.ac.uk/sdna/。

其中，

$$OD(y, z, x) = \begin{cases} 1, \text{if } x \text{ 在 } y \text{ 至 } z \text{ 的路径上} \\ 1/2, \text{if } x \equiv y \not\equiv z \\ 1/2, \text{if } x \equiv z \not\equiv y \\ 1/3, \text{if } x \equiv y \equiv z \\ 0, \text{其他情况} \end{cases}$$

N 即空间内所有的路段的集合；Ry 即空间上以路段 y 为中心，指定欧式距离半径范围内路段的集合；$P(z)$ 即路段 z 在上述半径范围内的比例，若在离散空间的分析中，该值非 0 即 1；若在连续空间的分析中，路段 z 经过半径圆的边界，则分割为边界内和边界外两端，此时该值为 $[0, 1]$ 区间内的连续数值。

值得注意的是，sDNA 的中间性指标计算方式尽可能涵盖了实际情况中的多种可能性，即路段 y 或者 z 可以同时为路段 x。

3. 基于中间性指标（Bt）的相对指标（$TPBt$）

从上述 Bt 指标的计算公式可以看出，Bt 指标视每对路段之间的联系是等价的。当路网中存在 N 个路段时，可能存在的最大联络线数量为 N^2。最大联络线随着网络规模的扩展呈 2 次方指数级增长。对于某些科学问题的研究，这样的规律可能符合模型设计。但是对于城市交通的节点联系，这样的规律不符合实际。以工作通勤交通为例，任意居民节点一般只对应一个工作节点。每个居民节点对应的工作节点数量并不会因为城市规模扩大而增加，只是工作的"选择机会"增加。sDNA 基于中间性指标（Bt）提出的相对指标（$TPBt$）符合城市交通研究所需的模型需求。其计算方法如以下公式所示①：

---

① 公式源自 Chiaradia, A., Cooper, C., Webster, C. sDNA a software for spatial design network analysis. Cardiff University, 2015. http://www.cardiff.ac.uk/sdna/。

$$TPBt(x) = \sum_{y \in N} \sum_{z \in Ry} OD(y,\ z,\ x)\ \frac{P(z)}{Links(y)}$$

$Links(y)$即任意 y 路段为中心，指定半径范围内的路段数量。

相比于 Bt 指标，$TPBt$ 指标的计算中增加了 $Links(y)$ 参数，在计算每个最短路径时，均要将路段 x 的 Bt 数值除以 $Link(y)$ 参数，有效避免了研究尺度扩大后路段总数增长带来的中间性指数的指数级增长。

四、关键参数及影响

1. 搜索半径

搜索半径 Ry 数值的大小，对于中间性（Bt）数值的计算结果有明显影响。从绝对值上来说，由于半径增加，可搜索到的路段增加，路径数量增加，那么潜在的被最短路径经过的次数也会增加。因此，一般情况下，中间性 Bt 的绝对值会随着半径的增加而增加。从整体路网的相对关系来看，搜索半径不同，各路段的中间性数值的相对关系会发生变化。

以均质路网为例（图 4.19、图 4.20），路网整体尺度为 5×5 千米。当搜索半径为 500 米时，除了路网边缘地区数值较低，非边缘地区的路段中间性数值均一致。当搜索半径为 4 000 米时，搜索半径接近路网的整体尺度，路网中心地区的中间性数值相对于中间、外围圈层呈明显的递减层次关系。

以多中心路网为例（图 4.21、图 4.22），左上、右上、左下、右下四个区域分别有四个路网密集区，其余地区路网稀疏。当搜索半径为 500 米时，由于路网稀疏地区的路网间距大于 500 米，而密集区域的间距小于 500 米，则四个路网密集区域的中间性 Bt 数值较高，且明显高于其余地区。当搜索半径为 4 000 米时，由于搜索半径接近路网的整体尺度，四个路网密集区域的优势不存在，反而路网整体的中央地区中间性指标较好。

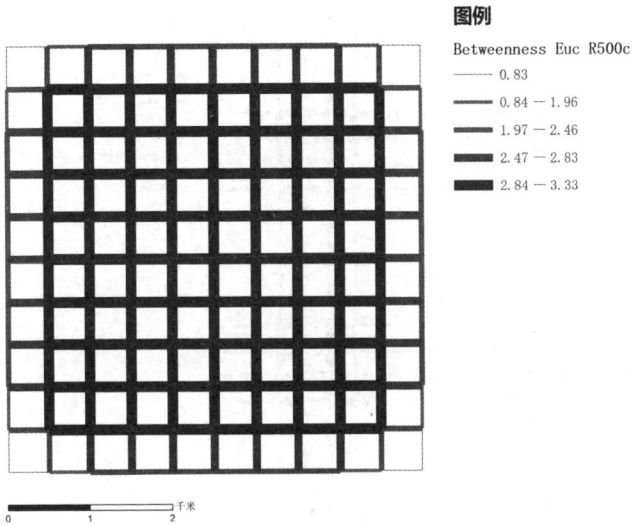

图例

Betweenness Euc R500c

—— 0.83
—— 0.84 — 1.96
—— 1.97 — 2.46
—— 2.47 — 2.83
—— 2.84 — 3.33

图 4.19　均质路网在 500 米搜索半径下的中间性值

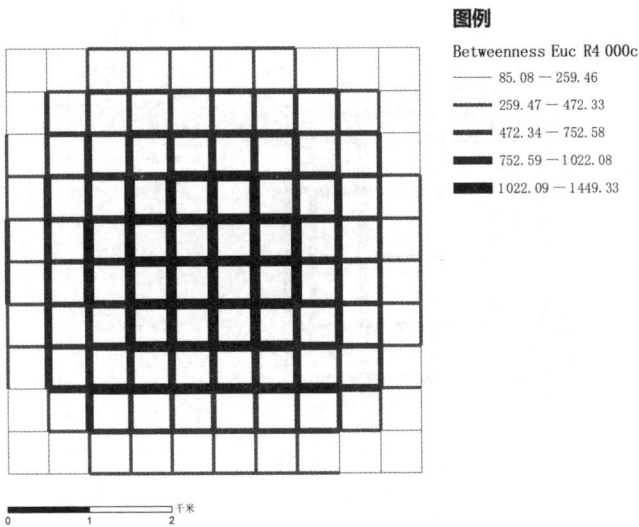

图例

Betweenness Euc R4 000c

—— 85.08 — 259.46
—— 259.47 — 472.33
—— 472.34 — 752.58
—— 752.59 — 1 022.08
—— 1 022.09 — 1 449.33

图 4.20　均质路网在 4 000 米搜索半径下的中间性值

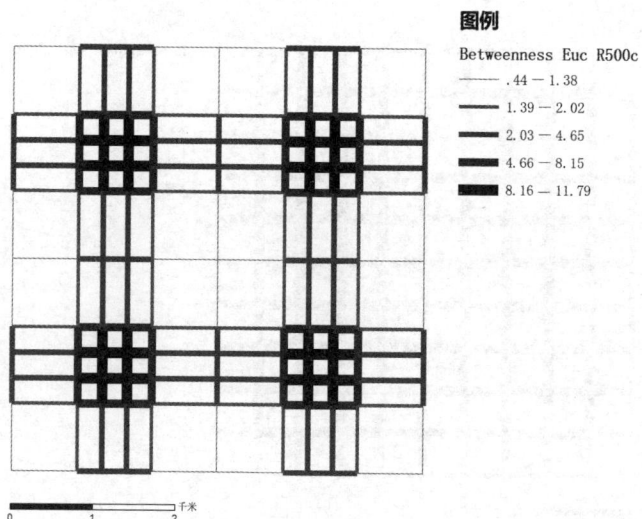

图例

Betweenness Euc R500c

—— .44 — 1.38

—— 1.39 — 2.02

—— 2.03 — 4.65

—— 4.66 — 8.15

—— 8.16 — 11.79

图 4.21 多中心路网在 500 米搜索半径下的中间性值

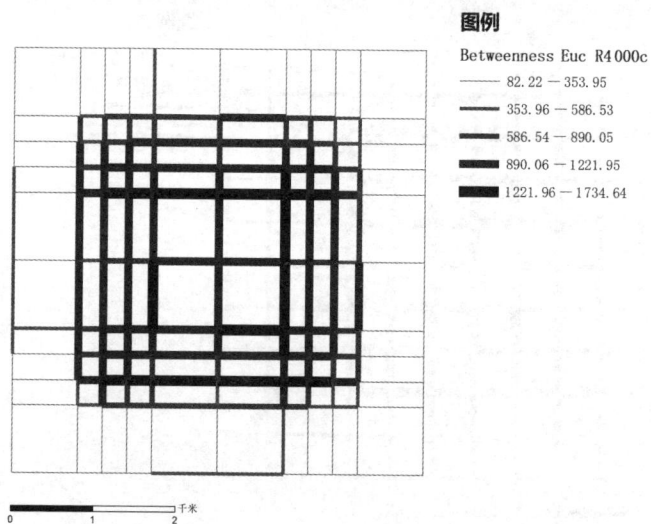

图例

Betweenness Euc R4 000c

—— 82.22 — 353.95

—— 353.96 — 586.53

—— 586.54 — 890.05

—— 890.06 — 1 221.95

—— 1 221.96 — 1 734.64

图 4.22 多中心路网在 4 000 米搜索半径下的中间性值

2. 离散空间与连续空间

当某一个路段部分位于半径范围内时,有离散空间和连续空间两种定义模式。在离散空间下,如果某路段的一部分且中点位于半径范围内,则视整个路段在搜索范围内,否则整个路段视为全部在搜索范围外。在连续空间下,路段在半径范围内的部分会按照总长度的比例在分析中被考虑进去。相对来说,连续空间的定义方式较离散空间更为精确,但计算负荷会相对较高。

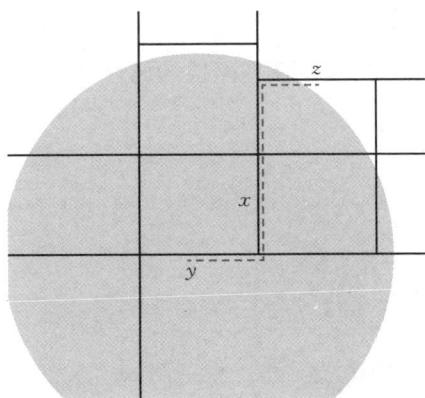

图 4.23 由于路段 z 只有小部分在灰色圆范围内,在离散空间中,认为 z 完全不在圆内;在连续空间中,按长度比例认为 z 部分在圆内

3. 路段的权重

sDNA 还允许给路段定义权重。若无特殊定义,所有路段的权重均为 1,即任何路径的重要程度一致。若选择路段长度属性作为权重时,则认为两个长度较大的路段之间的路径比两个长度较短路段之间的路径相对更重要。此外,还可以选择自定义数值给路段赋予权重。

第三节 对上海的实证分析

一、数据标准

路网数据是用于本研究计算的基础数据,数据格式为 Shapefile(简称

shp)文件。拓扑中心性研究对于路网数据有一定的需求标准。首先,任何一个路段必须为一个独立的多段线,一个完整路段不应被打断为若干零碎的多段线。其次,需注意交叉口的处理方式。普通平交交叉口或者全互通立交口可以作为多条路段多段线的共同端点;若两条道路在纵向上跨越但不互通,即跨越点,则此时路段多段线不应打断;若某路段在通过交叉口时无法左转,只能右转,也需要在数据结构中予以反映。图 4.24 展示了上海路网数据中所考虑的跨越点和禁止左转点的位置。此外,每个路段上的公交线路数量也是必需数据,应存储在路段的属性表中。

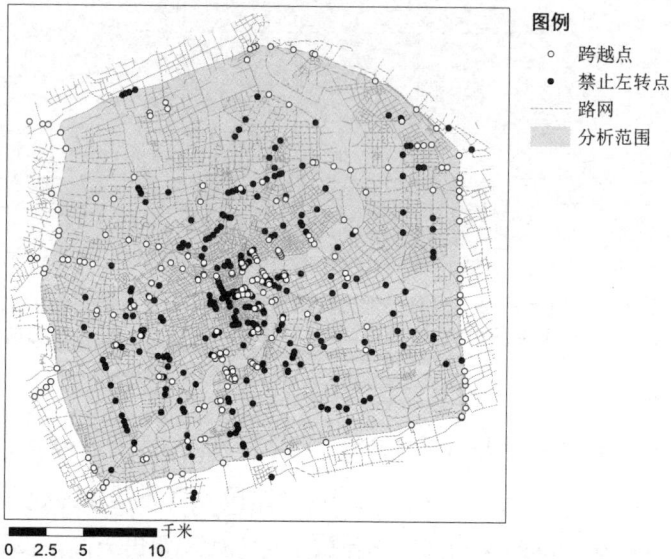

图 4.24　考虑跨越不相交和禁止左转的基础数据处理

二、不同搜索距离下的路段中间性

本研究的距离度量方式分别选择欧氏距离和角度距离进行分析,搜索距离内空间为连续空间。搜索距离设为 500 米,以及 1 000 米至 15 000 米区间间隔 1 000 米/次,最后再进行全局范围搜索。分析参数暂不设置任何权重属性。

以角度距离为例,部分分析结果如图 4.25 至图 4.27 所示(选取了不同

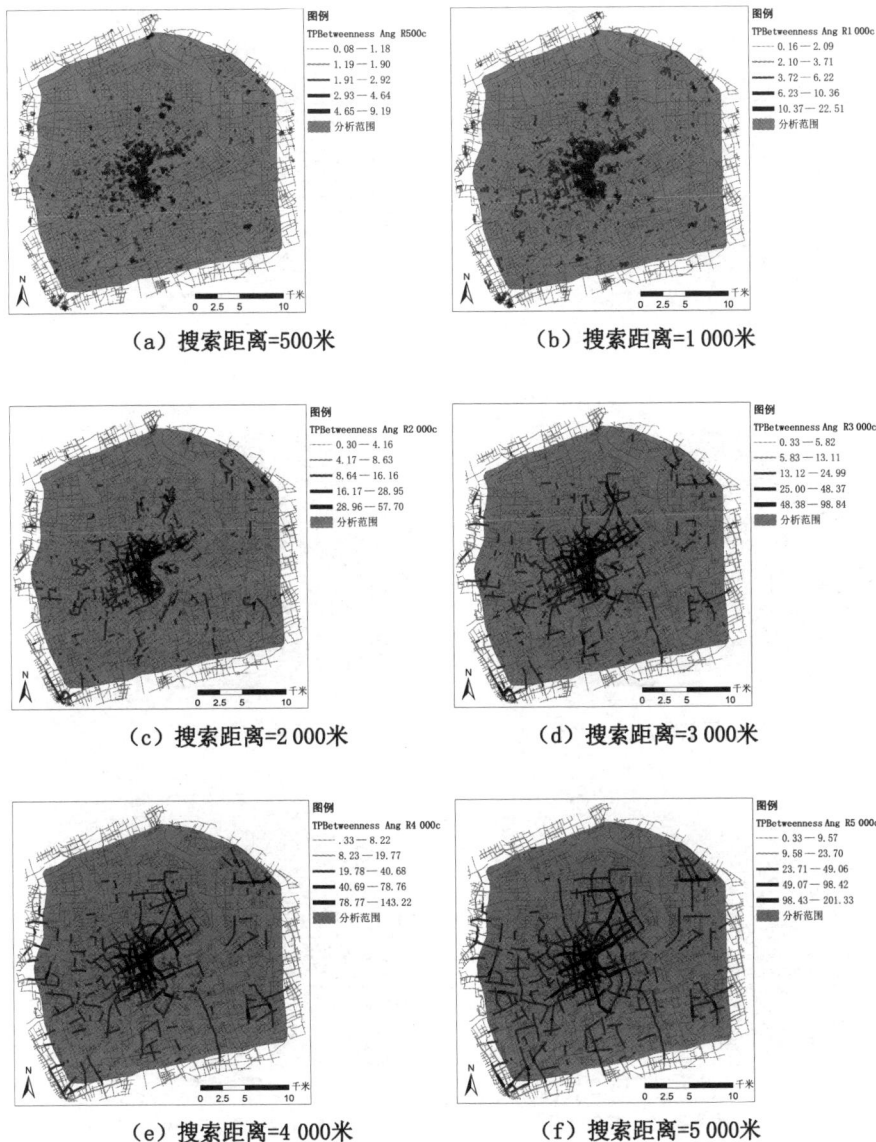

（a）搜索距离=500米　　　　　　　（b）搜索距离=1 000米

（c）搜索距离=2 000米　　　　　　　（d）搜索距离=3 000米

（e）搜索距离=4 000米　　　　　　　（f）搜索距离=5 000米

图 4.25　上海外环内路段中间性(角度距离,搜索距离 500 米至 5 000 米)

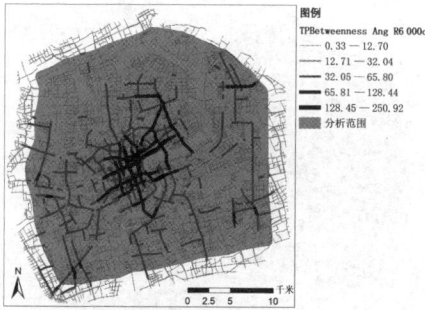

（a）搜索距离＝6 000米

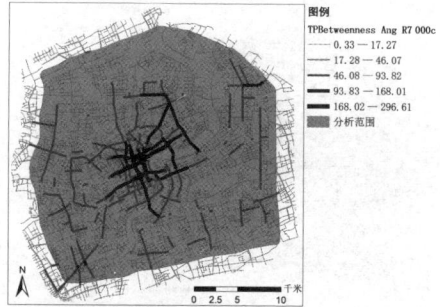

（b）搜索距离＝7 000米

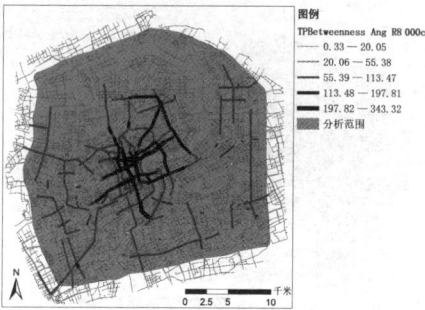

（c）搜索距离＝8 000米

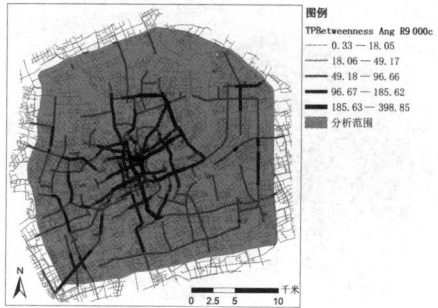

（d）搜索距离＝9 000米

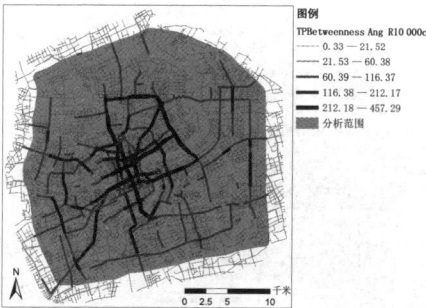

（e）搜索距离＝10 000米

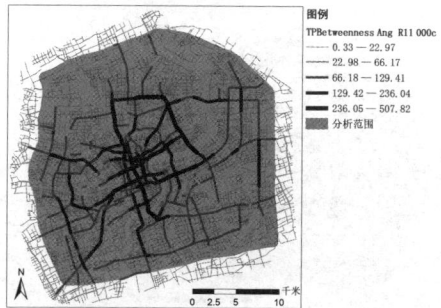

（f）搜索距离＝11 000米

图 4.26　上海外环内路段中间性(角度距离，搜索距离 6 000 米至 11 000 米)

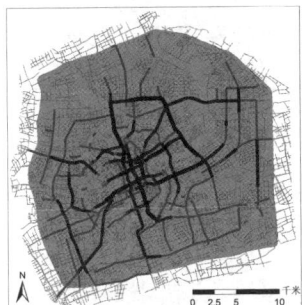

（a）搜索距离=12 000米

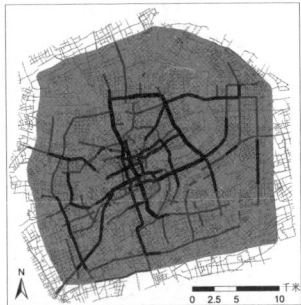

（b）搜索距离=13 000米

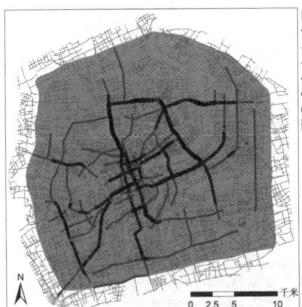

（c）搜索距离=14 000米

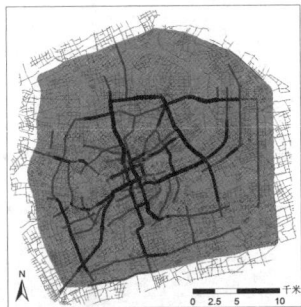

（d）搜索距离=15 000米

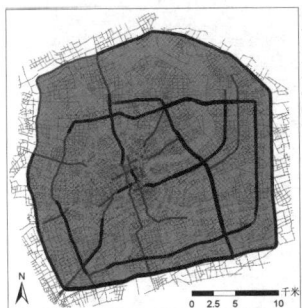

（e）搜索距离=全局

图 4.27 上海外环内路段中间性（角度距离，搜索距离 12 000 米至全局）

搜索距离及全局搜索的输出结果)。由此可见,当搜索距离较小时(如1 000 米),中间性较高的路段呈现出在小区域内(例如外滩地区等)集中布局的特征,这些高中间性的路段长度一般较短,较长的路段中间性通常不高,并且这些高中心性路段所处的区域的路网密度也相对较高。当搜索距离增加,路段的中间性发生变化。搜索距离为8 000 米时,中间性较高的路段为一些在区域内贯通性较好的路段,例如西藏路、四平路等。当搜索距离为全局时,中间性高的路段集中到在整个城市具有良好贯通性的道路,例如外环路、中环路等。此时,路段长度较低,且总长度较短的道路,其中间性较低。

三、路段中间性与路段公交线数量的回归分析

为了进一步地探索路段中间性对于公交线路设置是否有影响,将路段上的中间性指标与公交线路数量做回归分析。首先需要统计上海各个路段上的公交线路数量(图 4.28),每个路段的属性表可同时存储公交线路数量和中间性分析结果的数值,以便于后续分析使用。

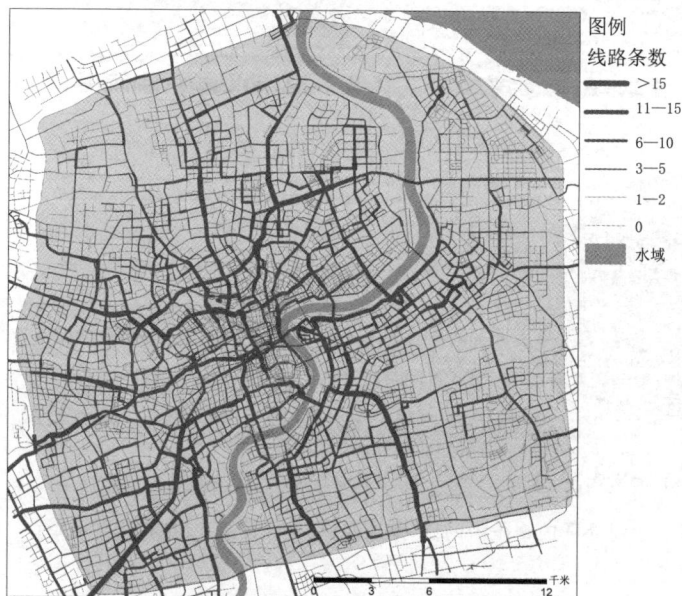

图 4.28 上海各路段常规公交线路条数统计

1. 路段中间性与线路数量存在正相关关系

前文研究发现,搜索距离对路段中间性有至关重要的影响,因此针对每个搜索距离下的结果,分别进行了路段中间性数值与线路数量的回归分析。两类数据回归拟合的方式包括线性回归,以及二阶多项式回归。

与道路等级和道路密度的分析类似的是,路段的中间性指标计算时,也是适当地外扩了数据范围,但仅提取上海外环内的路段参与回归分析。

图 4.29 显示的是以角度距离为度量方式,8 000 米为搜索距离,上海的路段中间性 *TPBt* 值和公交线路数量散点分布图及线性回归方程。总体上,路段中间性值和路段公交线路数量呈现出正相关的关系,即路段中间性值越高,公交线路数量越多。鉴于样本是城市路段,城市路段的中间性数值受区位等因素影响明显,公交线路布局的影响因素也较为复杂,目前的研究仅单独比较两种数值,已经能够达到 0.25 左右的拟合优度(相关系数达到 0.5 左右),并且显著性数值 Sig.=0.000,可以证明路段中间性指标对于公交线路数量的重要影响。

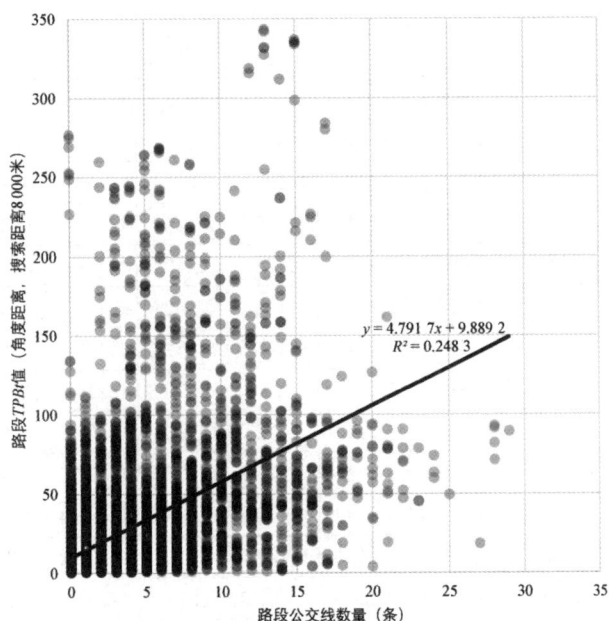

图 4.29　上海路段 *TPBt* 值(角度距离,搜索距离 8 000 米)和公交线数量线性回归(样本数 10 000,显著性 Sig.=0.000)

2. 影响回归分析拟合效果的部分因素

为了进一步地比较路段中间性和公交线路数量的关系,本研究对于路段不同度量方式(含欧氏距离和角度距离)得出的中间性数值,采取线性回归和二阶多项式回归的方式,在不同的搜索距离下,分别进行回归分析,并计算相应的拟合优度 R^2 数值。表 4.4 是上海回归分析的拟合优度 R^2 数值汇总表。分析结果表明,当搜索距离很小时,路段中间性指标和公交线路数量的相关性关系不明显,体现在拟合优度 R^2 较低;当搜索距离增加时,两者的关系加强。体现在拟合优度 R^2 值的上升;但是当搜索距离达到一定数值

表 4.4 不同搜索半径下上海市路段的中间性指标与公交线数量回归分析的 R^2 值

中间性指标		Bt（欧氏距离）		$TPBt$（欧氏距离）		Bt（角度距离）		$TPBt$（角度距离）	
回归方式		线性	二阶多项式	线性	二阶多项式	线性	二阶多项式	线性	二阶多项式
搜索距离	500 米	0.000 0	0.000 0	0.000 0	0.000 1	0.000 1	0.000 2	0.001 2	0.001 8
	1 000 米	0.002 0	0.002 7	0.008 8	0.013 1	0.008 1	0.010 8	0.025 8	0.036 6
	2 000 米	0.013 5	0.016 3	0.048 5	0.059 7	0.042 1	0.052 0	0.112 8	0.140 8
	3 000 米	0.027 9	0.032 4	0.085 0	0.098 8	0.072 0	0.085 8	0.171 9	0.203 5
搜索距离	4 000 米	0.046 9	0.052 4	0.116 5	0.130 7	0.098 0	0.112 2	0.203 2	0.230 7
	5 000 米	0.066 6	0.073 2	0.141 5	0.155 9	0.120 2	0.134 4	0.221 1	0.244 7
	6 000 米	0.084 6	0.092 3	0.157 9	0.172 7	0.140 5	0.154 8	0.230 0	0.251 0
	7 000 米	0.102 0	0.110 8	0.170 5	0.185 4	0.162 0	0.176 3	0.239 1	0.258 3
	8 000 米	0.120 0	0.129 4	0.184 0	0.198 5	0.182 2	0.196 0	0.248 3	0.265 6
	9 000 米	0.137 7	0.147 3	0.197 3	0.210 9	0.200 3	0.213 1	0.255 8	0.270 9
	10 000 米	0.154 9	0.164 3	0.210 6	0.223 0	0.215 7	0.227 1	0.261 3	0.274 2
	11 000 米	0.170 5	0.179 6	0.222 4	0.233 7	0.227 5	0.237 7	0.264 3	0.275 3
	12 000 米	0.185 4	0.194 4	0.233 6	0.243 4	0.236 2	0.245 4	0.265 3	0.274 5
	13 000 米	0.199 5	0.207 3	0.243 2	0.251 5	0.242 0	0.250 2	0.263 6	0.271 3
	14 000 米	0.211 5	0.218 4	0.250 1	0.257 0	0.244 2	0.251 4	0.259 2	0.265 6
	15 000 米	0.221 4	0.227 4	0.254 6	0.260 3	0.243 7	0.250 1	0.253 0	0.258 6
	全局	0.240 6	0.241 4	0.240 6	0.241 4	0.129 3	0.131 3	0.129 3	0.131 3

后,则两者的相关性减弱。

关于中间性指标的两种计算方式 Bt 和 $TPBt$,前文已经说明了两种指标的定义区别,并且指出了 $TPBt$ 可能更符合实际发生的"流量"。分析结果表明,在相同的搜索距离下,$TPBt$ 值与公交线路数量的拟合优度明显高于 Bt 值与公交线路数量的拟合优度。根据表 4.4 中的结果,$TPBt$ 值的拟合优度比 Bt 值的拟合优度数值平均高出 36%。再比较欧氏距离度量法与角度距离度量法,结果表明角度距离度量法计算得到的中间性数值与公交线路数量的相关性更明显,角度距离的拟合优度相比欧氏距离的拟合优度数值平均高出 26%。这说明相比于纯粹的欧氏距离,公交线路布局的决策过程中可能更容易受到角度变化因素的影响。比较线性回归与二阶多项式回归两种拟合结果,后者的拟合优度值相比前者无明显差异,平均仅高出 6% 左右,因此二阶多项式方程的拟合效果并不比线性回归有明显优势。本着分析方程从简的原则,线性回归方法即可满足分析需求,这也是后续分析讨论本问题时主要采用的拟合方式。

3. 搜索距离的影响反映了路段"贯通性"在一定尺度下的重要性

前文说明,搜索距离的设定对于路段中间性数值和公交线路的相关性有重要影响。将路段角度距离度量下的 $TPBt$ 值与公交线路数量的线性回归的拟合优度 R^2 值汇总,绘制成趋势图(图 4.30)。可以看出,当搜索距离从 500 米上升到 5 000 米时,拟合优度 R^2 值迅速增加;当搜索距离超过 5 000 米时,虽然拟合优度 R^2 值仍然上升,但是趋势已经放缓;当搜索距离达到 10 000 米左右之后,拟合优度 R^2 值趋于稳定并开始出现下降趋势。当搜索距离为全局时,相比于之前的数值"高峰",R^2 值已经明显回落。

搜索距离对于拟合优度的影响特征对于本研究有重要启示。它反映了计算尺度对于路段中间性的重要影响,并且不同尺度下的路段中间性对于公交线路的设置有不同的敏感性。

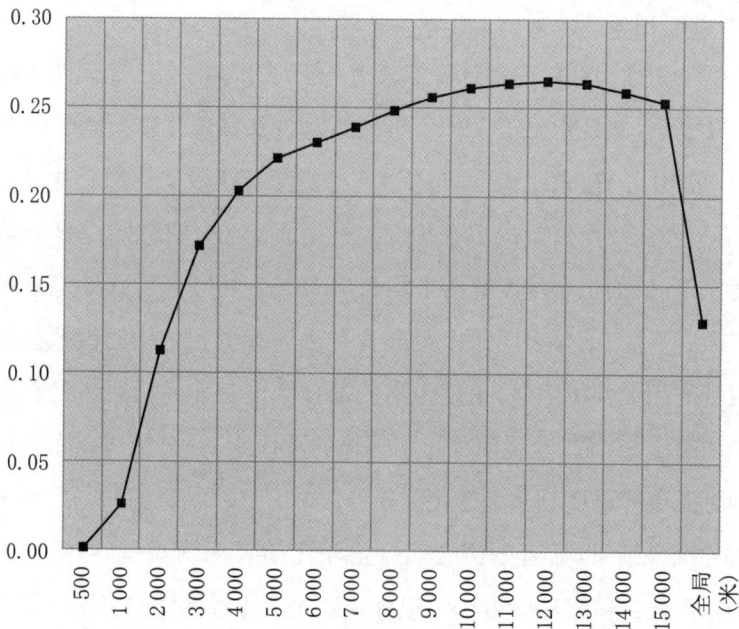

图 4.30　拟合优度随所搜距离增大而产生的变化趋势

当计算的搜索尺度很小（1 000 米及以下）时，即便路段中间性很高，也不能说明该路段适宜布置公交线路。1 000 米左右的尺度大致对应居住区的尺度，在这个尺度下如果不考虑周边路网的影响，单独地只针对居住区内部道路计算中间性指标意义不大。

当搜索距离达到 2 000 米之后，这个计算尺度已经突破了一般的居住区的尺度，在这个尺度下计算得到的路段中间性指标已经开始具备对于公交线路布局的意义。并且在搜索距离增长到 5 000 米的过程中，该"意义"也随之明显增大。5 000 米左右的计算尺度相当于大城市的片区，这表明路段中间性在片区尺度内的对于公交线路的意义明显。

当搜索距离超过 5 000 米，继续增长时，计得的路段中间性的"意义"增长的"边际效应"降低。当搜索距离增加到 10 000 米以上，乃至到全局搜索时，路段中间性的增加反而可能对于公交线路的适宜性有反面作用。

根据中间性指标的原理,在一定的搜索距离下,无论是欧氏距离度量方式还是角度距离度量方式,通常中间性指标高的路段是在计算尺度内"贯通性"较好的路。在一定尺度下"贯通性"好的路段具备以下特征:(1)路段在该搜索距离的尺度下能够贯通区域,而不是容易被尽端点或者丁字交叉口限制的路段;(2)路段应当尽可能平直,方向角度变化的累积量尽可能小。因此,根据上述分析,"贯通性"的适宜长度有合理区间,不能太低,也没有必要过长。

熊鹏提出的路段顺直总长的概念与上述"贯通性"长度有一定的关联性,其定义的路段顺直长度即交叉口不转弯下的路段连续最大长度(熊鹏,2015)。熊鹏通过人工识别的方式,经过统计,认为 5 000 米是顺直长度对于公交线路数量影响的临界值,即临界值以下时,路段顺直总长对于公交线路增加的影响不明显且不稳定;临界值以上时,路段顺直总长增加对于公交线路的增加有显著正相关(熊鹏,2015)。熊鹏得出的路段顺直总长 5 000 米临界值的结论与本研究上述内容关于中间性指标在 5 000 米搜索距离下的影响作用的趋势转折有一定的呼应。

从定义上看,熊鹏提出的顺直总长的概念与本研究的搜索距离虽然有一定关系,但概念仍有明显区别。熊鹏提出的概念仅仅是路段连续长度的简单统计;而本研究的搜索距离是中间性指标计算的一个地理空间前设条件,其对中间性指标的计算结果有关键影响。并且,中间性指标涉及节点间的流量的概念,这是路段连续总长概念所不具备的。从方法上看,熊鹏采用的是手工统计的方法,采取了若干片区进行统计计算,计算的样本有限,计算标准易受人为判断干扰,计算效率也相对较低;本研究采取的方法避免了上述局限,容易基于大量数据进行标准化、高效率的分析计算。从结论上看,两者的结论存在联系,但也有所区别。熊鹏提出路段顺直长度 5 000 米以下,对于公交线路的增加影响不"稳定";而本研究发现,当搜索距离很小时,路段中间性与公交线路数量几乎无关系,但当搜索距离从1 000米上升到5 000米时,其相关性迅速增加,增加的趋势是"稳定"的。另外,熊鹏认为顺直总长达到5 000米之后,其对公交线路数量的影响显著相关,但是对于顺直长度的进一步变化所带来的影响缺乏相关的结论。由此可见,本研究揭示的规律在深度和广度上均有一定进展,一定程度上归因于方法和技术的支撑。

四、结合路网等级影响的分析

1. 通行能力系数

本研究在采集数据时,道路等级的属性主要依据的是道路断面的机动车道数量。其中,双向两车道为支路的典型形式,双向四车道为次干路的典型形式,双向六车道为主干路的典型形式。关于快速路,前文已有专门讨论,路段的封闭性也是分类的重要依据。以上海世纪大道为例,路段即使是双向八车道,但是其路段为非封闭性,所有交叉口几乎全部是平面交叉,所以等级为主干路。

路段的机动车道数量与通行能力直接相关,通行能力的高低是否影响路段上公交线路的布局决策? 为了探究这个问题,在上述道路中间性分析计算的基础上,本研究引入与道路等级相关的通行能力因素,将其与公交线路数量进行进一步的相关性分析。前文已述,网络距离的度量方法除了欧氏距离度量、角度距离度量外,还可以有自定义的度量方式,自定义的度量方式可以为每个路段(即拓扑网络中的节点)赋予通过节点的成本(即难易程度)。因此,可将路段通行能力量化,抽象为参数,纳入中间性的计算中。考虑通行能力影响的节点(即路段)距离的计算方法为:

$$D_C = \frac{L}{\alpha}$$

其中，D_C 为节点（即路段）的距离；L 为路段的原始距离；α 为路段的通行能力参数。

路段的通行能力参数 α 的计算方法为[①]：

$$\alpha = \alpha_c \cdot \alpha_m \cdot N_{可}$$

其中，α_c 为道路分类系数，系数的确定参考表 4.5；α_m 为折减系数，系数的确定参考表 4.6；$N_{可}$ 为一条车道的可能通行能力，可能通行能力受设计车速、车型等因素影响，由于本研究针对的对象为常规公交，不考虑车型差异，因素可能通行能力主要受路段的设计车速影响。根据《城市道路交通规划设计规范（GB 50220-95）》，大于 200 万人口的大城市的快速路、主干路、次干路、支路的机动车设计车速分别为 80 km/h、60 km/h、40 km/h、30 km/h。根据表 4.7，同样车型下，实测不同车速下的可能通行能力差异不大，徐循初等（2005）对于同样的车型给出了统一的通行能力建议值。由于中间性指标用于比较相对关系，因此若不考虑车型差异，则 $N_{可}$ 值取常量，常量值的大小不影响不同路段之间的中间性数值的相对关系，因此路段的通过成本 D_C 主要与三个参数有关，即路段原始距离 L，道路分类系数 α_c，折减系数 α_m。

表 4.5 机动车道的道路分类系数

道路分类	快速路	主干路	次干路	支路
分类系数 α_c	0.75	0.80	0.85	0.90

资料来源：徐循初等：《城市道路与交通规划》（上册），北京：中国建筑工业出版社2005 年版。

[①] 通行能力参数的计算方法参见徐循初等：《城市道路与交通规划》（上册），北京：中国建筑工业出版社 2005 年版。

表4.6 机动车道单向通行能力折减系数

单项车道数	一车道	二车道	三车道	四车道
折减系数 α_m	1.0	1.85	2.64	3.25

资料来源:徐循初等:《城市道路与交通规划》(上册),北京:中国建筑工业出版社2005年版。

表4.7 按实测不同车速下车头时距计算得的可能通行能力(单位:pcu/h)

	车速(km/h)	20	25	30	35	40	45	50	55	60	建议值
小型汽车	车头时距(s)	2.61	2.44	2.33	2.26	2.20	2.16	2.13	2.10	2.08	1 700
	通行能力	1 330	1 480	1 550	1 590	1 640	1 670	1 690	1 710	1 730	
普通汽车	车头时距(s)	3.34	3.12	2.97	2.87	2.80	2.75	2.71	2.67	2.64	1 200
	通行能力	1 080	1 150	1 210	1 250	1 290	1 310	1 330	1 350	1 360	
铰接汽车	车头时距(s)	4.14	3.90	3.74	3.63	3.56	3.50				900
	通行能力	870	920	960	990	1 010	1 030				

资料来源:徐循初等:《城市道路与交通规划》(上册),北京:中国建筑工业出版社2005年版。

2. 分析结果及比较

针对上海,计算受路段通行能力影响的路段中间性指标,搜索距离为8 000米的结果如图4.31所示。道路等级相对较高的路段在中间性的结果上,相比于角度距离度量结果,总体上有一定提升。同样是搜索距离为8 000米的分析结果,当考虑路段通行能力时,南北高架(地面段)等一些快速路段的数值更加有优势(图4.31)。

进一步地,将道路等级影响下的路段的中间性指标 $TPBt$ 值与公交线路数量进行线性回归,搜索距离为8 000米的结果如图4.32所示。与前文不考虑道路等级影响的分析结果相比,路段中间性指标与公交线路数量呈正相关的总体规律未变。比较线性回归的拟合优度 R^2 值,考虑道路等级影响分析结果相比于欧氏距离、角度距离的度量方法均有明显提升(表4.8)。

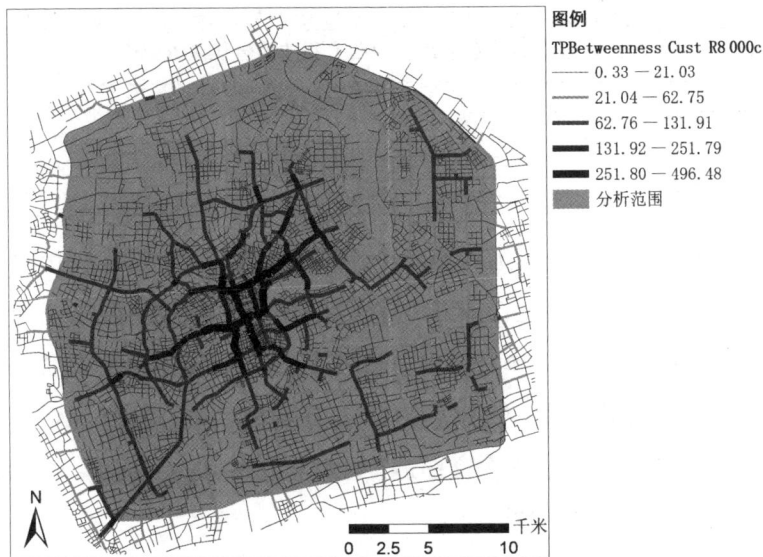

图 4.31　考虑道路等级影响的上海外环内路段中间性（搜索距离 8 000 米）

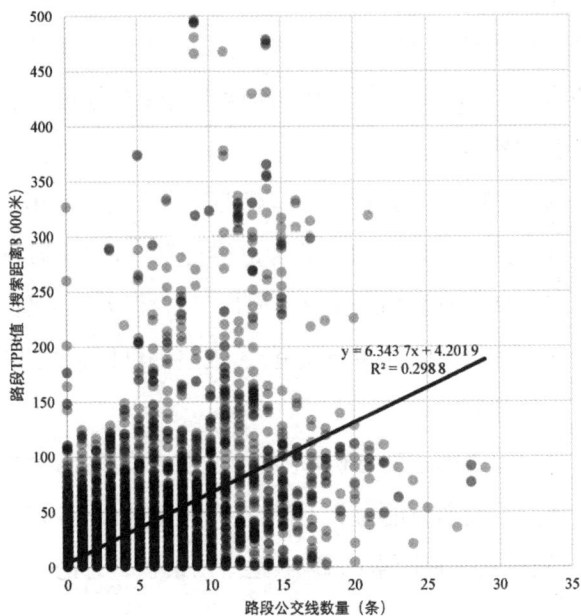

图 4.32　考虑道路等级影响的上海路段 *TPBt* 值（搜索距离 8 000 米）
和公交线数量线性回归（样本数 10 000，显著性 Sig.＝0.000）

表 4.8　搜索距离 8 000 米下的三种不同距离度量方式计算出的路段中间性 *TPBt* 指标
与路段公交线路数量线性回归方程的拟合优度 R^2 值

计算范围	欧氏距离	角度距离	考虑道路等级 影响的距离
上海外环内	0.184 0	0.248 3	0.298 8

上述计算结果,证实了道路等级对于路段公交线路数量的作用,即道路等级提高,所带来的道路通行能力的提高,对于公交线路数量的提升有正面作用。相比于前文的通过统计得出关于道路等级和公交站点设置关系的结论,本小节的分析通过另一种方法发现了道路等级因素的影响。因此,在分析路网的拓扑结构对于常规公交的适宜性时,若引入路段通行能力参数,可能可以得到更好的分析结果。

3. 小结与讨论

道路等级与路段通行能力相关,路段通行能力已经有成熟的计算方法,上述研究将路段通行能力抽象为参数,引入到中间性指标的计算方法中。分析结果表明,这一方法下计算得到的路段中间性指标更具有解释路段公交线路布局适宜性的能力。

需要说明的是,如果数据条件支撑,获得各路段具体的车速限制等指标可以计算更精确的路段通行能力。若考虑得更复杂,路段通行能力还可以综合考虑交叉口条件、交通管制、实际运营时经常拥堵等因素的影响。但无论路段的通行能力计算方法简单还是复杂,最终都可以抽象为一个参数,引入到中间性指标的计算中。

上述引入道路等级因素的分析,是基于一个假设前提,即各路段均能发挥相应的车道数量下的通行能力。不过,在实际运营中,各路段能否充分发挥其通行能力,还受到多种因素的影响,这些因素暂不讨论。

五、"微循环"公交线路的分析

本研究所选取的常规汽电车公交,不包括 BRT 等形式的快速公交,也不包括上海71路中运量等形式的公共交通。但是近年来部分城市的公交运营公司开辟的一些"微循环"线路则包含在本研究所使用的常规公交数据库中。"微循环"线路在某些城市又被称为"穿梭巴士"线路,目前在我国的上海、重庆、成都、长沙、香港等城市已经有一定规模的运营线路。有必要进一步针对"微循环"线路进行专门的讨论,分析"微循环"线路对于城市道路的选择与普通线路(本文中将常规公交中的"微循环"线路以外的线路称为普通线路)的异同。

1."微循环"线路的特征

"微循环"公交属于公共汽电车的一种服务形式,其线路通常联系社区中心、商业设施、公共服务设施、地铁站等。不少"微循环"线路开辟的目的之一是解决居民出行的"最后一公里"的问题。

上海的"微循环"线路运营线路规模已有百余条,且线路的定义方式较为明确,因此本节中以上海为主要案例进行分析与讨论。

图4.33所示为2015年下半年的上海外环内的微循环线路的分布情

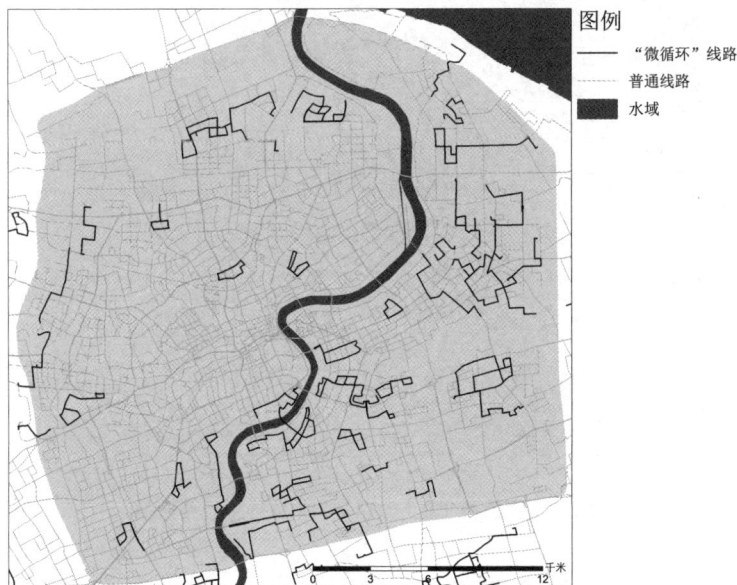

图4.33　上海"微循环"线路分布图

况①。可以看出,上海的外环内的"微循环"线路主要分布在浦西的内环外
(浦西仅个别线路在内环内)以及浦东地区。数据库中全市共采集 113 条
"微循环"线路,其中外环内(含部分在外环内)的线路有 56 条,占外环内(含
部分在外环内)常规公交线路总数的 8.2%。外环内 56 条"微循环"线路的
总长度为 293.3 千米,平均每条线路长 5.2 千米,而外环内的普通线路的平
均长度为19.3 千米,"微循环"线路的平均长度仅为普通线路的四分之一左
右。若按线路长度计算,外环内"微循环"线路的总长度约占常规公交线路
总长度的 3.3%。

图 4.34 所示为基于路段统计的上海外环内的"微循环"线路条数以及
常规公交线路总条数。上海外环内,有"微循环"线路经过的路段的总长度
为 246.1 千米,其中共计 229.4 千米的路段仅有 1 条"微循环"线路,比例为

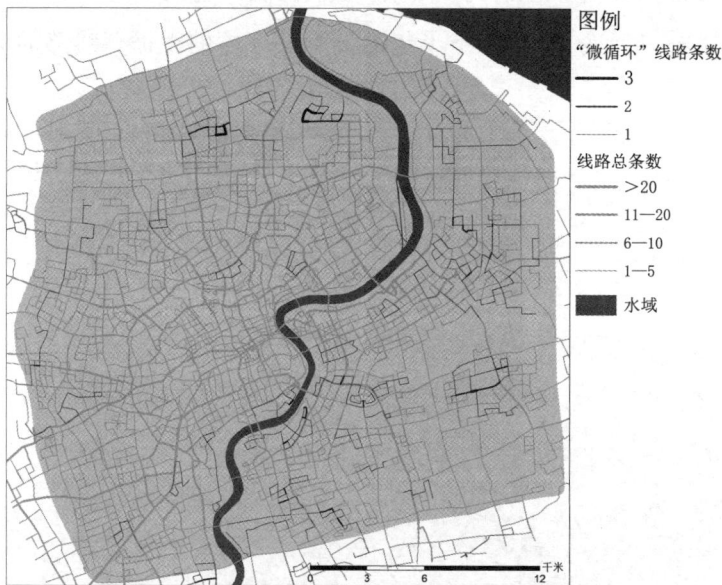

图 4.34 上海路段上的"微循环"线路及总线路数量

---

① 前文已说明,本文所使用的路网和公交数据为 2015 年下半年,"微循环"线路的数据时间与此
统一。

93.2%,有 2 条"微循环"线路经过的路段总长度为 14.0 千米,比例为 5.7%,"微循环"线路最多的路段为 3 条,总长 2.8 千米,比例为 1.1%。类似地,基于路段计算上海外环内的常规公交线路条数,有常规公交线路经过的路段总长度为 1 833.9 千米,占所有路段长度的 57.7%,其中有"微循环"线路的路段占有常规公交线路路段长度的 13.4%。如果计算公共交通线路重复系数,则上海外环内的常规公交线路为 4.39,仅计算"微循环"线路的结果为 1.08,仅计算普通线路的结果为 4.43。

根据上述分析,相比于普通线路,"微循环"公交有如下特征:(1)线路长度明显比普通线路短;(2)线路重复系数低,绝大多数通"微循环"线路的路段仅有 1 条线路;(3)"微循环"线路总量目前相比于普通线路相对较少。此外,根据其他相关资料与实际乘车经验,"微循环"线路还有如下特征:(1)发车频次通常较普通线路低,且发车的频次受到通勤等需求影响因而在全天中的分布较不均衡;(2)车型一般较普通线路小;(3)总体票价通常比普通线路低。

从交通工具的角度来看,"微循环"公交线路与普通线路的需求并无根本区别,一般均为汽电车(只是"微循环"线路所需车型可能较小)。从行驶所需的基础设施条件来看,"微循环"线路与普通线路也无根本区别,均以城市道路为基础条件。但由于"微循环"线路具有区别于普通线路的若干明显特征,因而有必要针对其与城市路网的关系做进一步的分析与讨论。

2."微循环"线路与城市道路等级

基于路段统计,比较"微循环"线路与普通线路在城市道路等级上的分布情况。首先,计算各等级城市道路上各类线路经过的路段长度及比例(表 4.9)。可以看出,"微循环"线路在支路上经过的比例高于普通线路,而在快速路上经过的比例低于普通线路。其次,计算各等级城市道路上经过的各类线路的总长度及比例(表 4.10)。与表 4.9 中的计算方式不同的是,表 4.10 中按照线路的总长度计算,若一条路段中有 n 条线路经过,则按

表 4.9　各等级城市道路上各类线路经过的路段长度及比例

道路等级	"微循环"线路		普通线路		所有线路	
	长度(km)	比例	长度(km)	比例	长度(km)	比例
快速路	19.13	7.77%	224.08	12.74%	224.08	12.22%
主干路	36.52	14.84%	290.36	16.50%	297.60	16.23%
次干路	56.53	22.97%	415.09	23.59%	431.54	23.53%
支　路	133.97	54.43%	829.84	47.17%	880.70	48.02%
总　计	246.15	100.00%	1 759.37	100.00%	1 833.92	100.00%

表 4.10　各等级城市道路上经过的各类线路总长度及比例

道路等级	"微循环"线路		普通线路		所有线路	
	长度(km)	比例	长度(km)	比例	长度(km)	比例
快速路	19.79	7.45%	1 563.76	20.08%	1 583.55	19.67%
主干路	38.33	14.43%	2 033.95	26.12%	2 072.03	25.74%
次干路	65.80	24.77%	1 879.97	24.14%	1 945.18	24.17%
支　路	141.70	53.35%	2 309.56	29.66%	2 448.03	30.41%
总　计	265.62	100.00%	7 787.25	100.00%	8 048.80	100.00%

照路段长度乘以 n 计算。按照这种方式计算的"微循环"线路在支路上的长度比例仍是低于普通线路,且差距明显,而"微循环"线路在快速路上的长度比例则显著低于普通线路。

通过上述针对道路等级的分析可以发现,相比于普通线路,"微循环"线路更倾向于在较低等级的路段上布局。

3."微循环"线路与路网拓扑结构

将所有的路段按照两种公交线路经过的情况分为四类:仅有普通线路的路段、仅有"微循环"线路的路段、两种线路均有的路段、两种线路均无的路段,四种路段的样本数关系如图 4.35 所示。计算不同搜索距离下的各种路段的中间性 $TPBt$ 平均值(表 4.11),并将计算结果绘制成曲线图(图 4.36)。

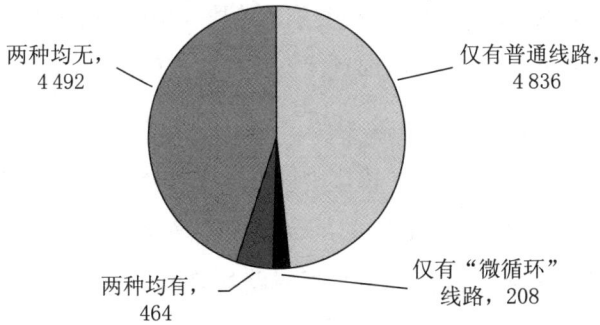

图 4.35　四种路段的样本数

表 4.11　不同搜索距离下各类路段的中间性 *TPBt* 平均值（角度距离度量法）

搜索距离	仅有普通线路的路段	仅有"微循环"线路的路段	两种线路均有的路段	两种线路均无的路段	所有路段
500 米	1.63	1.20	1.26	1.62	1.60
1 000 米	3.44	2.29	2.61	2.73	3.06
2 000 米	7.71	4.19	6.00	4.16	5.96
3 000 米	12.27	5.82	9.89	5.01	8.77
4 000 米	16.90	7.48	13.61	5.73	11.54
5 000 米	21.52	8.91	17.26	6.37	14.25
6 000 米	26.12	10.15	20.95	6.91	16.92
7 000 米	30.60	11.20	24.70	7.34	19.48
8 000 米	34.98	12.01	28.24	7.70	21.94
9 000 米	39.30	12.56	31.73	8.00	24.33
10 000 米	43.56	13.00	35.34	8.30	26.70
11 000 米	47.65	13.37	38.88	8.57	28.97
12 000 米	51.59	13.68	42.27	8.82	31.16
13 000 米	55.40	13.98	45.80	9.06	33.28
14 000 米	59.03	14.44	49.33	9.31	35.32
15 000 米	62.49	15.04	52.74	9.54	37.27
全局	78.21	21.57	69.97	14.09	47.85

　　由表 4.11 和图 4.36 可知,四种类别的路段在中间性数值的总体水平上呈现出规律的依次增加的关系,即总体上从低往高依次为:两种线路均无的路段(即无常规公交线路的路段)、仅有"微循环"线路的路段、两种线路均有的路段、仅有普通线路的路段。相比于仅有普通线路的路段,仅有"微循环"线路的路段的中间性水平明显较低,仅比两种线路均无的路段的中间性稍高。此外,既有"微循环"线路又有普通线路的路段的中间性水平也比仅有普通线路的路段低。

　　根据上述分析结果,提出两点推测:(1)相比于普通线路,"微循环"线路对于路段中间性水平的要求不高;(2)即便是仅有"微循环"线路的路段,其中间性总体水平仍明显高于两种线路均无的路段,这说明"微循环"线路仍有对于中间性水平的基本要求。

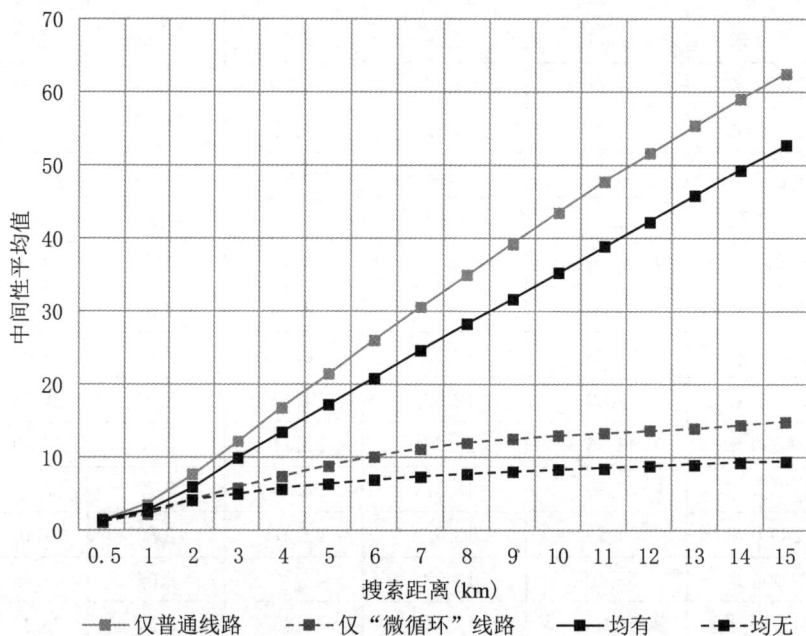

图 4.36　不同搜索距离下各类路段的中间性 *TPBt* 平均值(角度距离度量法)

　　"微循环"线路选择路段时,并没有像普通线路一样表现出对于路段中间性相同程度的偏好,而是更多地选择了中间性水平相对较低的路段(但总体上仍比无任何线路的路段高),由此推测"微循环"线路开辟时有意识地向中间性水平较低的路段倾斜。一些大型居住区内部的支路、次干路由于路段所处的路网拓扑结构中的位置特征等原因,中间性水平较低,公交企业没有积极性,不愿意将普通线路深入居住区内部,开辟"微循环"线路可以起到"填补空白"的作用。

　　仔细观察表 4.11,可以发现当搜索距离小于等于 1 000 米时,仅有"微循环"线路的路段的中间性水平比两种线路均无的路段还低。是否说明按小尺度搜索距离评价,"微循环"线路更倾向选择中间性比无任何线路路段的水平还差的路段? 图 4.37 显示的是分别将 500 米和 8 000 米搜索距离下的外环内路段的中间性指标按照平均值分为两类,即高于平均值的路段(图中显示为深色)和低于平均值的路段(图中显示为浅色)。可以看出,当搜索距离只有 500 米时,高于平均值的路段多集中在浦西老黄浦、北外滩等附近地区;而当搜索距离为 8 000 米时,高于平均值的路段在外环内分布相对比较均衡。造成这种现象的主要原因是:小距离搜索时,路网集聚程度高、密度大的区域的路段的中间性具有优势,而上海的浦西老城区的路网正具备该特征。[①]由于"微循环"线路在浦西老城内几乎没有分布,主要分布在浦西的内环外和浦东地区(见图 4.33),因此在搜索距离很小的情况下,"微循环"线路几乎不会分布在中间性高于平均值的路段上,因此造成了仅有"微循环"线路的路段平均中间性比无任何线路的路段还低的"特殊"现象。但是当搜索距离达到 2 000 米及以上时,这个"特殊"现象则不再发生。前文已有讨论,当搜索距离小于 5 000 米时,中间性指标对于常规公交的意义较低,因此"微循环"线路在搜索距离小于等于 1 000 米时发生的"特殊"现象不影响中间性评价方法的使用。

[①]　关于搜索距离变化给中间性指标带来的影响,前文已有专门讨论,在此不做赘述。

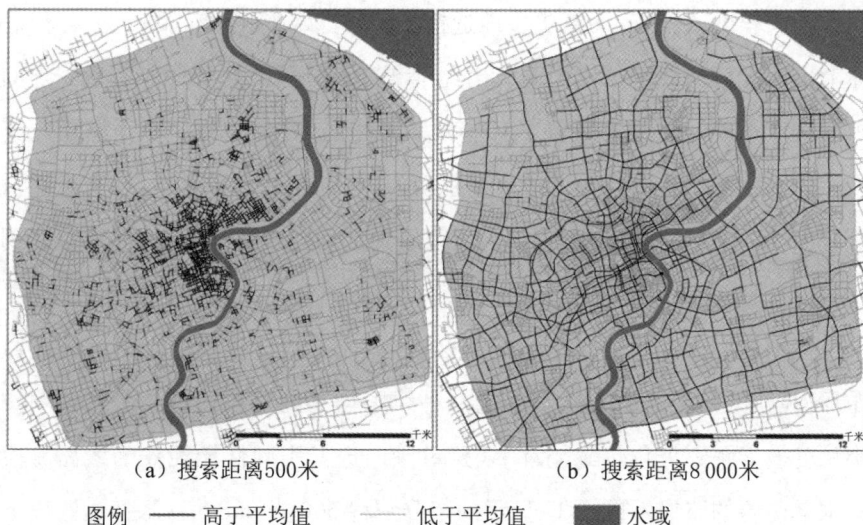

（a）搜索距离500米　　　　　　　（b）搜索距离8 000米

图例　——高于平均值　　——低于平均值　　■水域

图 4.37　高于中间性平均值的路段（以搜索距离 500 米和 8 000 米时为例）

4. 进一步讨论

总体上看，"微循环"线路分布在等级相对较低、中间性相对较差的路段。因此，在常规公交的层面，解决"最后一公里"问题可以通过两个路径：（1）完善路网结构，解决部分区域的路段中间性较低的问题，提高普通线路的覆盖面；（2）维持路网结构现状，开辟"微循环"线路深入路网结构相对不完善的区域。比较上述两种路径：前者采取的方式主要在规划阶段，以路网结构规划设计为抓手；后者所采取的方式则在线路投放阶段，是在无法改变路网现状情况下的相对容易的解决方法。

"微循环"线路可以视为常规公交的一种特殊形式，其线路在一定程度上是基于现状公交线网布局结果的补充。在路网中间性较好的区域，例如浦西内环内，"微循环"线路鲜有分布，这些区域内普通线路可以一定程度上解决"最后一公里"的问题。并且，在目前共享单车快速发展的背景下，"微循环"线路承担的解决"最后一公里"的功能在较大程度上可以被共享单车代替。在投放量充足的情况下，共享单车使用的灵活性优势是"微循环"线路难以比拟的。因此,"微循环"线路能够发挥的实际作用还值得观察。

"微循环"线路在常规公交线路中所占比例较低。前文计算表明,上海外环内"微循环"线路的总长度约占常规公交线路总长度的 3.3%,在考虑到与车型相关的乘客载客量、发车间隔、与线路长度有关的站点设置量、共享单车的竞争等因素后,推测"微循环"线路所承担的客运量比例可能低于其长度占比。在选取所有线路和仅选取普通线路的情况下,路段的中间性和相应线路数量的线性回归拟合优度并无明显区别(表 4.12)。

表 4.12 上海不同搜索距离下的路段中间性 *TPBt* 值
与相应线路数量的线性回归拟合优度(角度距离度量方式)

搜索距离	所有线路	仅普通线路(不含"微循环"线路)	搜索距离	所有线路	仅普通线路(不含"微循环"线路)
500 米	0.001 2	0.001 7	9 000 米	0.255 8	0.257 8
1 000 米	0.025 8	0.027 6	10 000 米	0.261 3	0.263 4
2 000 米	0.112 8	0.115 2	11 000 米	0.264 3	0.266 4
3 000 米	0.171 9	0.173 8	12 000 米	0.265 3	0.267 4
4 000 米	0.203 2	0.205 0	13 000 米	0.263 6	0.265 6
5 000 米	0.221 1	0.223 0	14 000 米	0.259 2	0.261 1
6 000 米	0.230 0	0.232 0	15 000 米	0.253 0	0.254 8
7 000 米	0.239 1	0.241 1	全局	0.129 3	0.129 8
8 000 米	0.248 3	0.250 3			

出现"微循环"线路的主要原因包括:(1)区域内与公交需求相关的人口或就业等密度低;(2)区域内路网结构不完善,路段中间性差。后者原因是本研究关注的重点。本研究倡导在规划设计阶段,优化城市路网结构以提高路网的公交适宜性。因路网条件制约而产生的不少"微循环"线路依赖政府补贴运营,并非良性循环的长久之计。如果能提高路网中路段的中间性,靠市场增加普通线路,提高常规公交的服务水平,减少政府直接干预,方是长效机制。

第四节　小结与讨论

本章引入拓扑结构中的中间性概念,对上海的路网进行了实证分析,证明了路段的中间性指标与公交线路数量具有正相关的关系。通过对上述两个指标进行线性回归,并对拟合优度进行比较,发现了方法中涉及的具体计算方式、参数的适宜性。例如,路段中间性的相对值比绝对值更适用,节点距离的角度度量方式比欧氏度量方式更适用。通过比较不同搜索距离下的情况,发现了在搜索距离较小的阶段,拟合优度随着搜索距离的增加而迅速提高,这反映了路段的中间性指标需要在一定尺度的范围内表现出优势才有意义。当搜索距离达到 5 000 米以上时,拟合优度的增长趋势减缓,并在12 000 米左右达到最大值,然后开始回落。这反映了对于常规公交来说,并不需要路段在太大的尺度下表现出中间性优势。

进一步地,将路段等级相关的通行能力引入到节点距离的度量方式中,发现引入通行能力的度量方式的拟合优度明显高于角度距离的度量方式,证明了路段等级因素对于路段的常规公交适宜性的影响。在此基础上,针对"微循环"线路进行了深入分析讨论,多角度探讨路段中间性对于公交线路布局的客观影响。

至此,城市道路网络结构中的道路等级、路网密度和路网拓扑结构三大属性均已在既有研究中开展了分别的讨论和分析。三大属性之间不是孤立存在的,而是密切联系、相互影响的关系。因此,后续章节将试图基于城市道路网络结构不同属性开展综合评价研究。

第五章
道路网络结构的综合评价

本章试图在前文拓扑结构量化分析的基础上,将路段长度、路网密度等属性同时整合进入路网结构的评价分析方法。根据方法计算的指标能够同时反映道路网络的拓扑结构、路网密度、路段等级等属性。同时,以上海作为主要案例城市,开展实证研究,为分析方法的讨论与改进提供支撑。

第一节 综合评价的必要性

关于路网拓扑结构的分析,前义主要采取了将路段作为抽象的节点进行度量,并计算中间性指标的方式。此外,前文也尝试了将路段等级(例如:快速路、主干路、次干路、支路)因素的影响纳入拓扑结构分析中。如果能够进一步将路段长度、路网密度与路网拓扑结构结合分析讨论,将有利于从量化评价的路径认识路网综合特征。本节将充分阐述开展此项工作的必要性。

一、路段长度的影响

前文的中间性分析方法中,节点的长度属性仅在度量节点距离时有影响,而并不影响节点通过的路径重要性。

以图 5.1 显示的简单路网为例,(a)与(b)两个路网是都由五个路段 A、

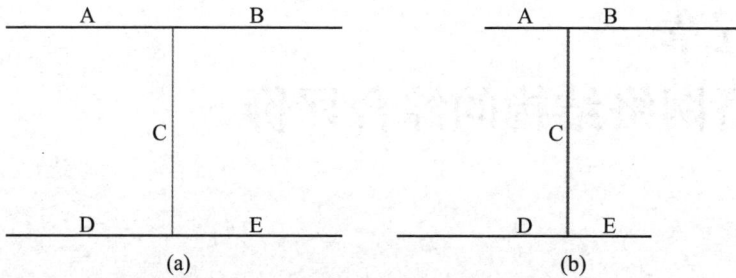

图 5.1　路段长度对于路径的重要性的影响

B、C、D、E 组成的"工"字形网络。两个网络的区别仅在于(b)网络中的路段 A 和路段 E 的长度比(a)网络中的同样编号的路段短。两个网络中,不管采用欧氏距离度量方式,还是角度距离度量方式,路段 A 与 E,路段 B 与 D 之间的最短路径均经过路段 C。因此,(a)、(b)两个网络中路段 C 的中间性指标一致。然而,若将路径视作能够反映节点间联系"流量"的功能,那么上述关于两个网络中路段 C 中间性指标一致的结论则值得推敲。若不考虑城市布局因素,相比于长度较长的路段,较短的路段上所产生的出行需求通常也会相应较小,因此较短的路段间生成的路径相对于较长的路段间生成的路径的"流量"较低,因而在整个网络中的重要性也相对较低。根据这一原则,图 5.1(b)中路段 A 和 E 之间的路径应相比于路段 B 和 D 之间的路径的重要性低。路径"流量"是常规公交线路布局不可忽视的重要因素,因而在分析拓扑结构时路段长度的影响因素也不可忽视。

二、路网密度的影响

一定区域内路段的集合构成了路网,路段集合的长度可以反映出路网密度。与路段长度一样,路网密度也是在分析路网拓扑结构时应当综合考虑的因素。

图 5.2、图 5.3、图 5.4 分别是相同比例尺下,同样的中间性指标计算方式,并且相同的中间性数值分级显示方式的上海衡复地区、南大地区及其花

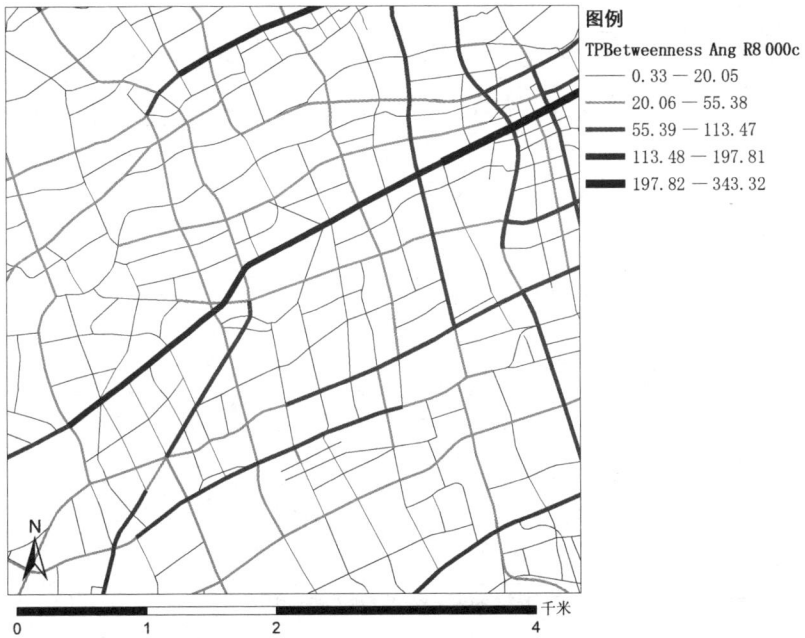

图 5.2 上海衡复地区路段中间性(角度距离度量,搜索距离 8 000 米)

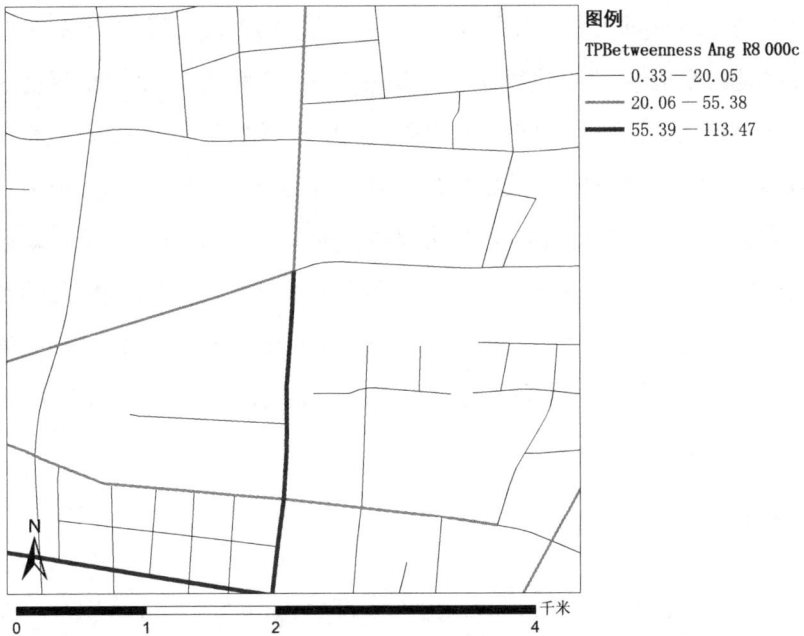

图 5.3 上海南大地区路段中间性(角度距离度量,搜索距离 8 000 米)

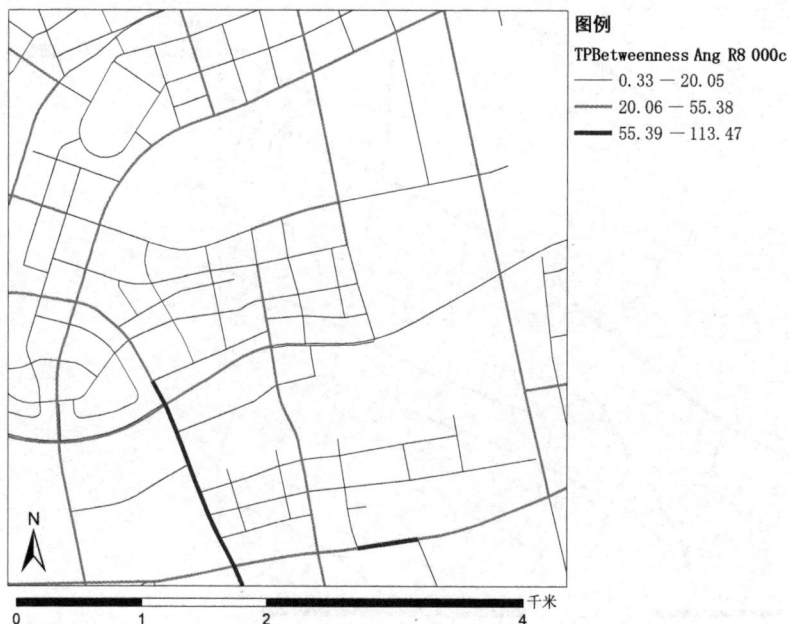

图 5.4　上海花木地区路段中间性(角度距离度量,搜索距离 8 000 米)

木地区的路网中间性。可以看出,上海衡复地区的路网密度、路段数量明显高于其他两个地区,那么也就意味着在相同的搜索距离下,上海衡复地区搜索到的路段数量较高。当同样的搜索范围内,路段数量多,且较多的路段处于较高的中间性水平时,公交线路的选择余地就较多(如上海衡复地区);若路段数量及高中间性路段减少,则公交线路的选择余地减少(如花木地区附近),若路段数量少,且高中间性路段仅集中于少数路段,则公交线路的选择余地进一步减少(如南大地区附近)。另外,根据前文的研究,路网密度的提升在一定的区间内也会促进公交站点密度的提高。因此,路网密度因素有必要与拓扑结构结合分析。

三、方法引入的阶段

如何将上述讨论的路段长度、路网密度引入拓扑结构分析中? 从方法引入的阶段来看,可以有两个总体思路,一个是在中间性指标计算的阶段中引入相关方法(即阶段一);另一个是在中间性指标计算阶段后引入相关方法(即阶段二)。本研究将基于这个总体思路,进行方法的讨论。

第二节　阶段一:引入节点的路段长度属性

一、加权的网络节点

正如前文所述,网络节点(即路段)的长度属性仅在度量节点间的距离时才能起作用,在计算节点间的路径值时,无论路段长度如何,均不会对路径的属性产生影响,所有路径的重要性是等价的。若要引入路段长度的影响,就需要将路段的长度抽象为权重,对节点进行加权。

恰瓦拉迪亚(Chiaradia,2015)提出的 sDNA 方法中关于中间性指标的计算可以引入权重,中间性指标 Bt 及相对指标 $TPBt$ 引入权重的计算方法如下所示:

$$BtWl(x) = \sum_{y \in Nz \in Ry} \sum W(y)W(z)P(z)OD(y, z, x)$$

$$TPBtWl(x) = \sum_{y \in Nz \in Ry} \sum OD(y, z, x) \frac{W(z)P(z)}{total\ weight(y)}$$

其中,$W(y)$、$W(z)$分别为节点 y 和节点 z 的权重,其他参数的含义在前文 Bt 及 $TPBt$ 指标的计算方法中已介绍。

若要将路段长度作为权重,就将路段长度代入相应的 W 参数中,即路段 y 的长度代入 $W(y)$,路段 z 的长度代入 $W(z)$。

二、对上海的分析

以上海为案例,将路段长度作为权重引入中间性指标的计算中,搜索距离 8 000 米的分析结果如图 5.5 所示。为了分析该方法得出的指标是否更加能够反映与公交线路数量之间的关系,进一步地对考虑路段长度权重的上海路段 $TPBt$ 值和公交线数量进行线性回归(图 5.6)。总体上两者正相

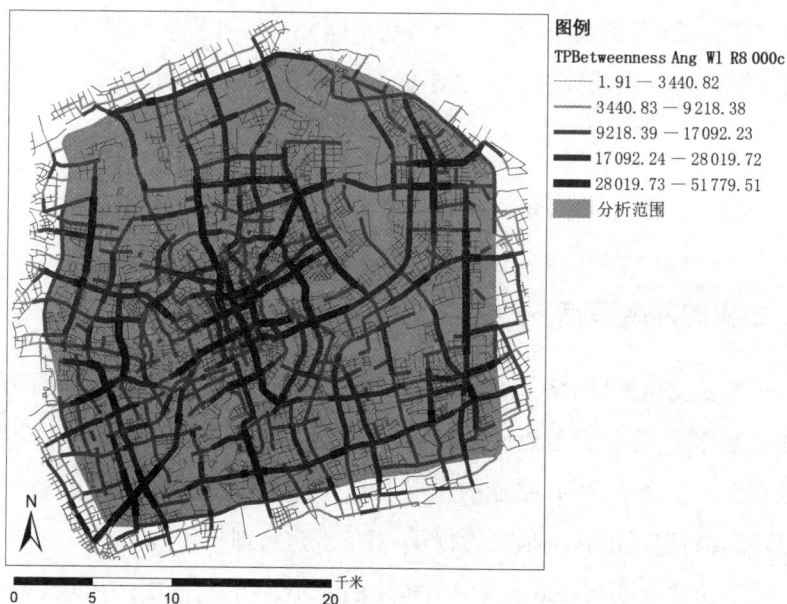

图例
TPBetweenness Ang Wl R8 000c

- 1.91 — 3 440.82
- 3 440.83 — 9 218.38
- 9 218.39 — 17 092.23
- 17 092.24 — 28 019.72
- 28 019.73 — 51 779.51
- 分析范围

千米
0   5   10   20

图 5.5　考虑路段长度权重的上海路段 *TPBt* 值(搜索距离 8 000 米)

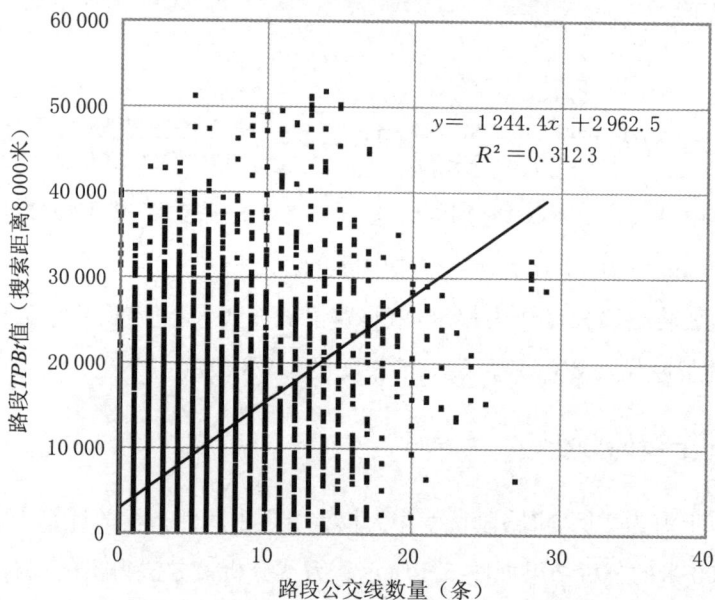

$$y = 1\,244.4x + 2\,962.5$$
$$R^2 = 0.312\,3$$

图 5.6　考虑路段长度权重的上海路段 *TPBt* 值(搜索距离 8 000 米)
和公交线数量线性回归(样本数 10 000,显著性 Sig 值为 0.000)

关的关系没有改变,从拟合优度 R^2 来看,数值为 0.312 3。

三、小结与讨论

与引入路段长度权重之前的方法相比,拟合优度有一定增加(表 5.1),说明引入路段长度权重后,得出的中间性指标更容易反映与公交线路数量的关系。由此推测,路段长度是在评价路网结构的公交适宜性时,可以引入的因素。

表 5.1　引入路段长度权重前后,上海路段的中间性 *TPBt* 指标与公交线数量
线性回归分析的拟合优度 R^2 值比较(角度距离度量法,搜索距离 8 000 米)

计算范围	原方法:不引入路段长度权重 (样本为路段)	阶段一的方法:引入路段长度权重 (样本为路段)
上海外环内	0.248 3	0.312 3

第三节　阶段二:引入道路网络的密度属性

一、方法的讨论

上述关于路段长度的引入并未涉及路网密度因素,因为路网密度不仅与路段长度有关,也与空间尺度相关。本部分讨论将路网密度引入道路网络结构评价的方法。

1. 叶彭姚的方法

叶彭姚(2012)将路网密度和拓扑结构指数进行整合,定义了道路网布局结构指数 D。其计算方法为:

$$D = d(1 - RC_B)$$

其中,d 为路网密度;RC_B 为道路网结构集聚度[①]。

[①]　原文献中道路网结构集聚度用 C_B 表示,为了避免与前文所述的中间性指标 C_B 混淆,此处用 RC_B 表示道路网结构集聚度。

道路网结构集聚度的计算方法为：

$$RC_B = \frac{\sum_{i=1}^{N}(C_{i^*, B} - C_{i, B})}{N^3 - 4N^2 + 5N - 2}$$

其中，$RC_B \in [0, 1]$；i 为节点编号；N 为网络节点数；$C_{i, B}$ 即节点 i 的介数中心度（类似中间性的相对值）；i^* 为介数中心度最大的节点。

该方法中，当 $RC_B = 0$，则路网中各路段重要性相同；当 $RC_B = 1$，则路网中某一段占据绝对重要的位置；实际情况中该值一般位于（0，1）区间。因此，叶彭姚（2012）认为当一个路网的路段中间性均衡，且路网密度较高时，道路网的布局结构指数也就越高；当路网的路段中间性分布不均衡，且路网密度较低，则路网布局结构指数较低。叶彭姚（2012）将上海浦东新区（外环内）划了 16 个分区（面积从 4.6 km² 至 54.9 km² 不等，平均每个分区面积 18.1 km²），计算了各个分区的路网布局结构指数，以及公交线网密度，发现了两者之间的正相关性。

叶彭姚（2012）的方法针对一个区域内的路网进行总体指标的评价，对于区域内部的差异暂时无法反映。划区的方式中，各区域的边界与规模需要人为确定，需要注意的是区域尺度规模的差异对于拓扑结构的指标有重要影响。更为关键的是，划区之后，各区之间的有机联系被割断，单独区域的结构指标无法反映出周边区域的影响。对于城市内的路段节点来说，将节点间的联系限制在人为划定的区域内是不现实的。因此，叶彭姚（2012）的方法虽对于本研究具有启示意义，但适用性仍有明显的不足。

2. 本研究提出的方法

本研究提出一种可以基于区域上任意点综合计算路段中间性与路网密度的方法。如图 5.7 所示，任意选取两个点，分别是位于左上部的 A 点和右下部的 B 点。以点为中心，一定半径画圆，统计落在圆内的路段长度，路段长度再以中间性指标加权，综合后的指标求和，并与圆面积相比即可反映点所在的一定范围区域内的路网密度和拓扑结构的综合特征。

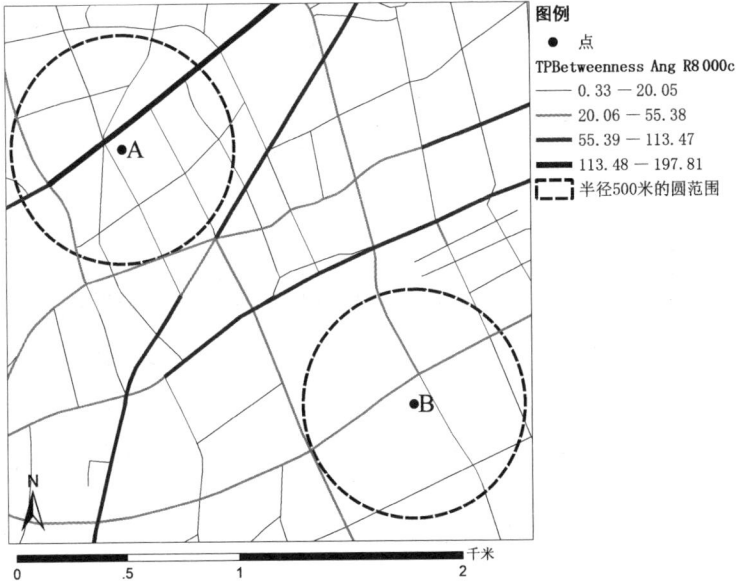

图 5.7　任意点综合计算路段中间性和路网密度的原理

上述综合路网密度和中间性的指标可以称为路段的中间性指标的网络密度 D_C，其计算方法为：

$$D_C = \frac{\sum_{i=1}^{n} TPBt_i \times L_i \times a_i}{\pi \times r^2}$$

其中，$TPBt_i$ 为路段 i 的中间性指标，计算方法前文已说明；L_i 为路段 i 的长度；a_i 为路段 i 在统计范围内长度占总长度的比例；r 为统计半径；n 为统计半径内的路段总数量。

需要强调的是，点可以是空间中的任意位置，既可以在路段上，也可以不在路段上，点反映的指标是其周边一定范围内的数据，这个范围的大小与统计半径值相关。在评价路网的常规公交适宜性时，建议设定半径为

500 米左右，此值与公交站点通常的服务半径相匹配。

还需要说明的是，本方法中路段的中间性指标的计算不受密度值的统计半径限制，中间性的搜索距离和密度值的统计半径是两个独立的、互不干扰的因素。

本方法不受人为划区方法所带来的不确定性的影响，也不割裂各片区之间的有机联系，可以按需要反映任意点周边任意尺度的路网密度和拓扑结构的综合特征。

直观上看，图 5.7 中 A 点圈内的路网密度明显高于 B 点圈内，且路段的中间性指标总体上也高于 B 点圈内，因此 A 点圈内的路段的中间性指标的网络密度也会高于 B 点圈内。进一步推测，A 点圈内更易吸引公交线路通过，其公交线路的网络密度很可能高于 B 点圈内。如果上述推测得到证实，则证明该指标在评价常规公交适宜性时具有意义。后文将采用本方法，针对上海进行实例分析。

二、对上海的分析

1. 路段的中间性指标的网络密度计算

根据上述方法计算得到的上海路段的中间性指标的网络密度分布如图 5.8 所示。首先说明的是，虽然图纸中仅截取了外环路内的计算结果，但是统计密度和中间性时已纳入了外围的数据，避免了边缘数据结果的失真。分析结果显示，指标在空间上的中心分布趋势明显，浦西核心地区（外滩—人民广场及其周边区域）的数值最高，高值区域成面状分布，且较为突出，其余地区的数值普遍不如核心地区。

2. 公交线密度计算

根据研究需要，还需要计算公交线密度，其密度统计半径应与路段中间性指标的网络密度统计半径一致。需要说明的是，本指标不同于公共交通线路网密度。根据《城市道路交通设计规范（GB50220-95）》，公共交

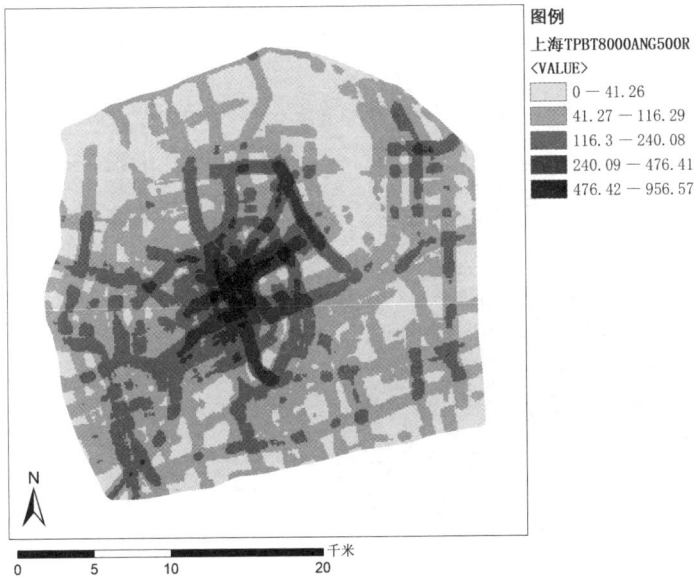

图 5.8　上海的路段中间性指标的网络密度分布图
（角度距离度量，*TPBt* 值搜索距离 8 000 米，密度统计半径 500 米）

通线路网密度是指每平方千米城市用地面积上有公共交通线路经过的道路中心线长度。也就是说，公共交通线路网密度不受路段的公共交通线路重复系数的影响，无论路段上的公交线路数量多少（只要不为 0），均不影响指标的计算结果。而本研究计算的公交线密度考虑了路段上的线路数量，路段上的线路数量多少会直接影响密度计算结果。计算结果如图 5.9 所示。

3. 回归分析及结果

进一步地，在研究区域内使用采样点提取上述两个指标，并进行线性回归分析。选取空间上的点作为回归抽样时，需本着均质分布的原则。理论上点的数量无穷大，但实际分析中只需要统计的采样点间距合适，总量达到一定规模即可。本分析中采取间隔 500 米的均质点阵作为采样点参与回归分析，上海外环内有 2 647 个采样点（图 5.10）。

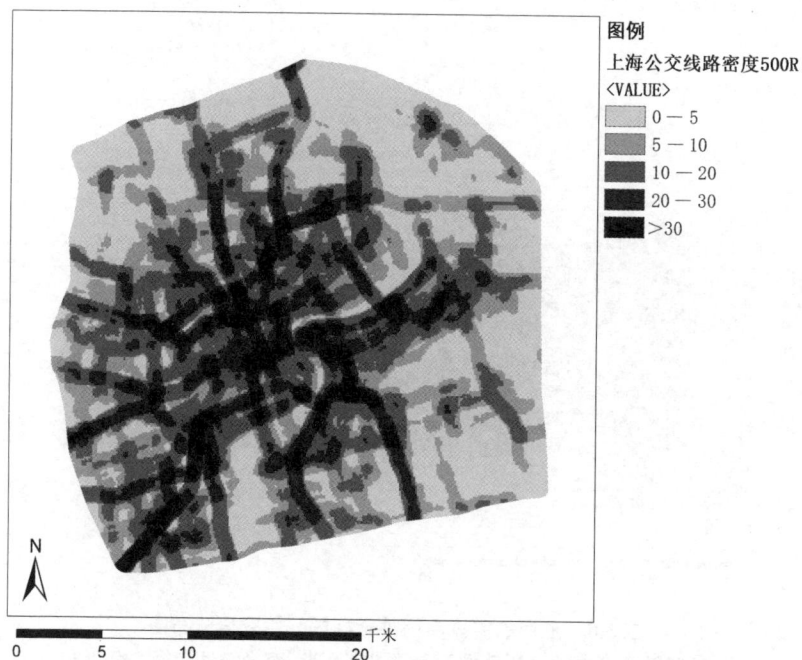

图 5.9　上海公交线密度(密度统计半径 500 米,考虑路段线路数量)

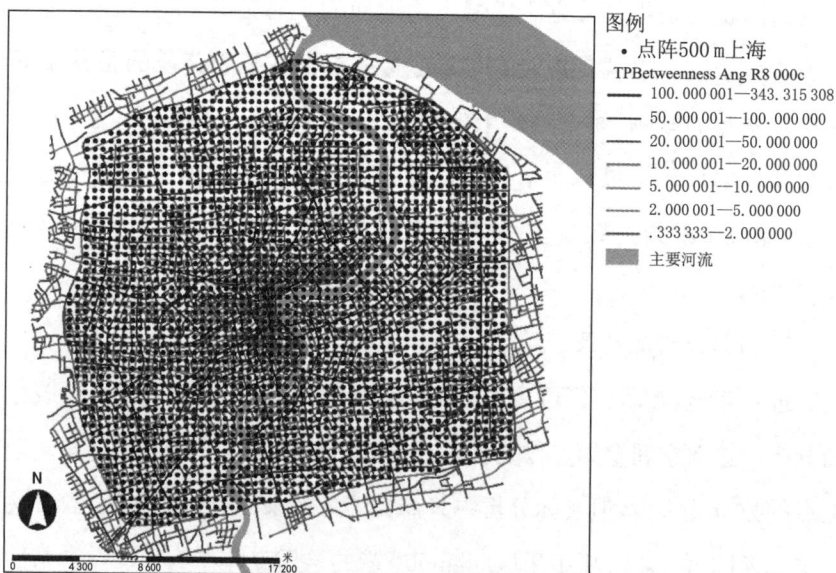

图 5.10　均质分布的采样点

　　回归结果如图 5.11 所示。引入路网密度因素后，两组数据之间总体上依然呈现正相关的关系，即路段的中间性的网络密度越高，公交线密度则越高。

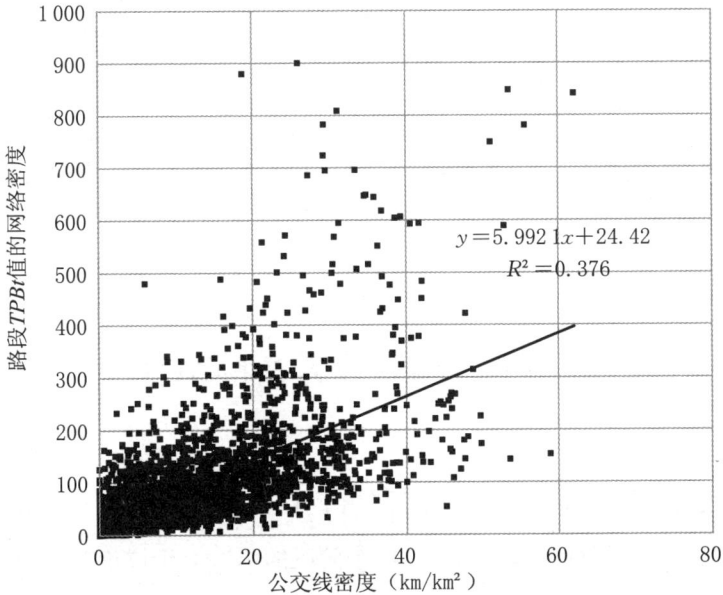

$$y = 5.992\,1x + 24.42$$
$$R^2 = 0.376$$

图 5.11　上海路段中间性指标的网络密度与公交线密度的线性回归(角度距离度量，*TPBt* 值搜索距离 8 000 米，密度统计半径 500 米，采样点样本数 2 647，显著性 Sig 值为 0.000)

三、小结与讨论

　　引入路网密度后，基于采样点提取的路段中间性指标的网络密度与公交线密度数值之间表现出较好的线性拟合效果(拟合优度 R^2 值提升至 0.37)。因此，将路网密度因素引入路网拓扑结构评价方法，其结果对于评价公交适宜性具有明显的意义。

　　需要说明的是，未引入路网密度的方法(包括前一章节的中间性计算方法以及本章节的阶段一的计算方法)中的样本是路段，引入了路网密度的阶段二的方法中的样本是采样点，样本的类型不同，因此其拟合优度数值间不具备直接比较的意义。

**表 5.2　原方法（不引入路网密度）与阶段二的方法（引入路网密度）下样本相应
数值的线性回归分析的拟合优度 R^2 值（角度距离度量法，搜索距离 8 000 米）**

研究范围	原方法： 不引入路网密度 （样本为路段）	阶段二的方法： 引入路网密度 （样本为采样点）
上海外环内	0.248 3	0.376 0

注：关于拟合优度，原方法为路段的中间性 $TPBt$ 值与公交线路数量的线性回归拟合优度 R^2 值，阶段二的方法为采样点提取到的路段的中间性 $TPBt$ 密度与公交线密度值的线性回归拟合优度 R^2 值。

第四节　两阶段方法的结合

上述两个阶段，路段长度属性是在中间性指标计算的阶段引入；路网密度则是在中间性指标计算后引入。两个阶段的引入对于评价方法的完善均有明显的作用，如果能将两个阶段的方法结合，则可在道路网络的拓扑结构分析中同时引入节点的路段长度属性和道路网络的密度属性。

一、路段长度和路网密度从不同角度与拓扑结构结合

路段长度属性影响的是节点间的路径的重要程度，其值反映在路网中的路段上，影响了路段的中间性的大小；路网密度属性则影响了单位面积内受路段中间性加权的路段长度。

需要强调的是，路段长度和路网密度两个因素与拓扑结构结合时，影响的方式截然不同，不存在重叠（表 5.3）。

两个因素从不同阶段、不同角度与路网的拓扑结构共同作用，对路段、路网能够发挥的效果产生影响。因此，如果首先按阶段一的方法计算各个

表 5.3 路段长度、路网密度属性与拓扑中间性结合分析的影响比较

	路段长度结合的影响	路网密度结合的影响
路径的首尾路段	首尾路段的长度影响首尾节点的权重	————
路径通过的路段①	首尾节点权重影响路径通过路段的中间性指标数值	路段的长度影响中间性数值的密度

路段受节点长度属性影响的中间性，并基于此结果使用阶段二的方法将其与路网密度结合，可以提高分析方法的完善性（后文将此方法简称为"两阶段结合法"）。

二、对上海的分析

1. 受路段长度权重影响的中间性指标的网络密度

通过两阶段结合法得到的上海路段的中间性指标的网络密度分布结果如图 5.12 所示。分析结果的数值分级显示均采用自然间断点分隔法。与阶段二的分析结果相比，两阶段结合法得出的结果，密度高值区域的中心集聚特征相对较弱，多中心特征相对明显。从上海的分析结果可以看出，阶段二分析结果的高值区域集中在外滩及其附近，结合法中，陆家嘴、五角场、上南等地区的数值在自然间断点分级中的级别均有明显提高。

2. 回归分析及结果

对考虑路段长度权重的上海路段中间性指标的网络密度与公交线密度数值进行线性回归分析。回归结果如图 5.13 所示。采用结合法后，两组数据之间总体上依然呈现正相关的关系。

---

① 路径通过的路段可以包括首尾路段，相应的计算赋值规则前文已述。

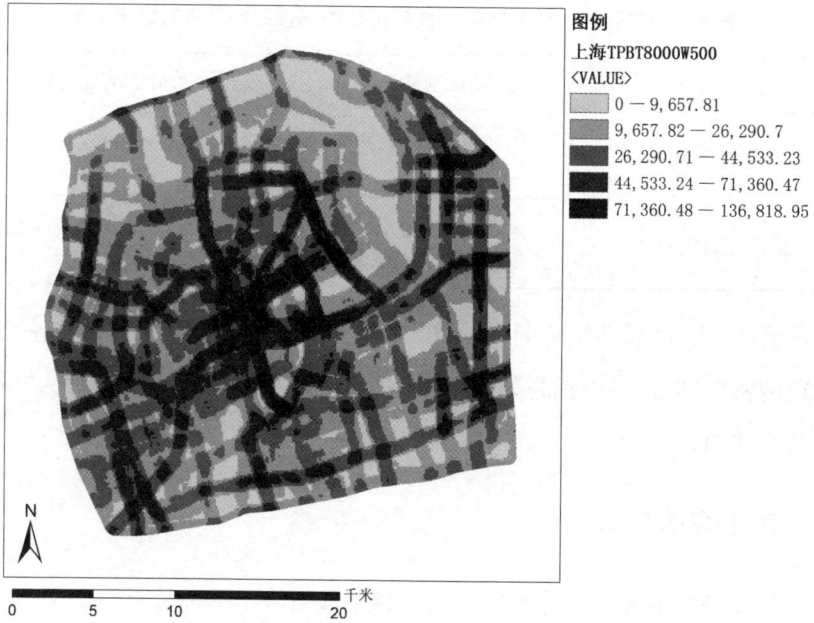

图 5.12 受路段长度影响的上海路段中间性指标的网络密度分布图
(角度距离度量,*TPBt* 值搜索距离 8 000 米,密度统计半径 500 米)

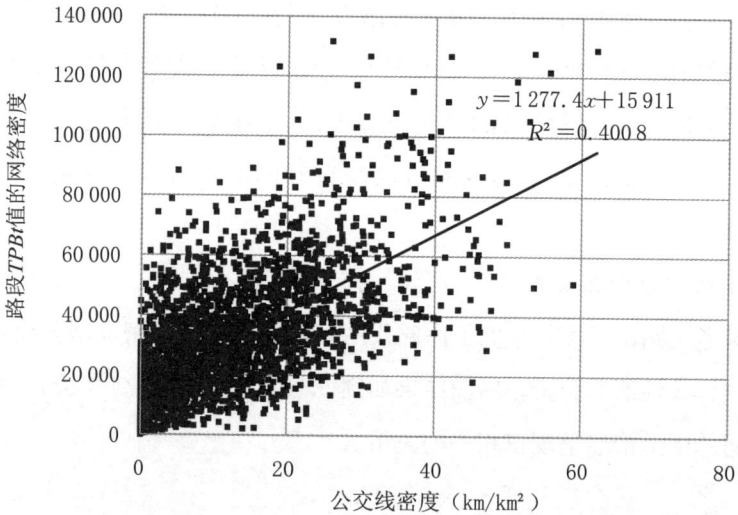

图 5.13 考虑路段长度权重的上海路段中间性指标的网络密度与公交线密度的线性回归
(角度距离度量,*TPBt* 值搜索距离 8 000 米,密度统计半径 500 米,
采样点样本数 2 647,显著性 Sig 值为 0.000)

第五节 方法总结与讨论

一、方法总结

本章节将节点的路段长度属性引入路网拓扑结构的分析(阶段一),并提出了将路网密度属性引入拓扑结构分析的方法(阶段二),最后提出了可以同时将路段长度属性和路网密度属性引入路网拓扑结构的两阶段结合分析方法。图 5.14 为方法的逻辑简图。该图中所示的距离度量方式包括欧氏距离度量、角度度量、考虑通行能力的度量;路径首尾的节点权重为路段的几何长度。

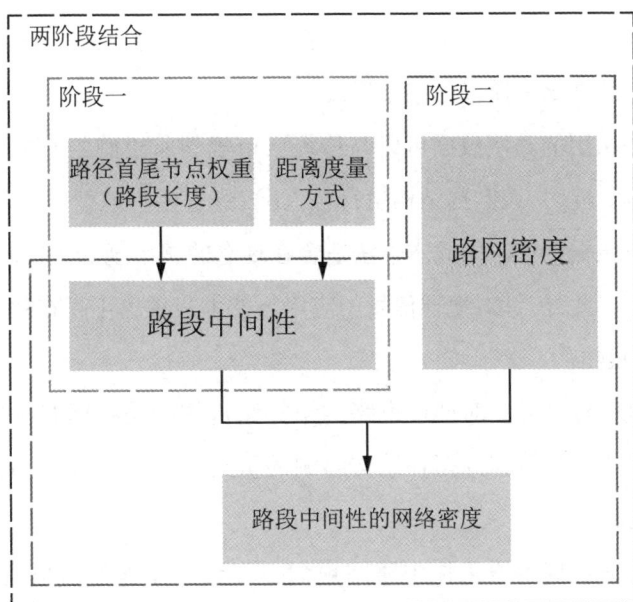

图 5.14 路网拓扑结构和密度结合评价方法的逻辑简图

本方法可以将路网的拓扑结构和路网密度两个重要属性综合进行评

价。评价过程中拓扑结构和路网密度之间存在互相影响机制,并非互相孤立的关系。另外,若在选择节点间的距离度量方式时采用考虑通行能力影响的距离(道路等级抽象为通行能力系数),则综合法可以评价路网拓扑结构、路网密度、道路等级三个因素的综合影响。

本方法提出的中间性的网络密度可以反映为路网的公交适宜性,该指标可以同时涵盖路网密度、路网拓扑结构特征,并且在选择距离度量方式时可引入道路等级属性。

在城市总体规划层面的工作阶段,本方法可以用于路网设计方案的评价,反映路网在空间上的公交适宜性的差异,为城市内部的交通分区引导策略提供参考。

二、讨论

在不考虑城市布局因素影响的前提下,针对路网的常规公交适宜性的综合评价方法在这一阶段已基本形成。

本方法采用的路网数据可以与传统城市规划所绘制的 CAD 路网中心线数据兼容。同时,该数据结构也符合 ArcGIS 等多种地理信息系统平台所用路网矢量数据标准。因此本方法适合在现有的城市规划工作的基础上直接开展应用。此外,针对地理信息的应用与技术实现也不存在数据结构、格式转换等问题。

现有规范标准并未对城市道路的拓扑结构的相关指标有所规定,一方面是由于尚未充分认识到拓扑结构影响的重要性,另一方面是缺乏合适的定量计算方法。

城市总体规划阶段工作中路网规划方案创作工作的价值应该得到尊重,路网的形态的创作工作让方案充分考虑到城市的地形、布局、风貌等要求,也能够让城市彰显特色。在尊重设计创作的基础上,本方法能够为方案创作和理性决策之间搭建桥梁。

　　方法的探讨到目前阶段,暂时还未涉及城市的布局影响,距离实际应用还有一定距离。以 TOD 为代表的公交优先开发策略强调土地使用和道路交通的共同先导作用,如何引入城市布局因素的影响将在后续章节中讨论。

第六章
结合城市布局特征的研究

针对城市路网结构本身,前文已经作了大量讨论。城市路网是城市空间的"框架",支撑着城市居住、就业、休闲等活动的出行。因此,城市路网结构与城市空间布局特征需要相互适应。本章从供需均衡视角,引入基尼系数指标开展路网公交适宜性的"均衡性"评价,并试图采用残差可视化分析的方法识别路网公交适宜性不足的区域。

第一节　综合研究的必要性

一、路网规划必须与城市布局特征相适应

公交导向的城市开发,路网规划必须与城市布局特征相适应,两者有密切的关系。前文关于路网的评价方法,暂未考虑城市的空间布局、密度差异的影响。以常住人口分布为例,不同区域特征差异明显(图 6.1)。按街道(乡镇)单元划分,上海外环内有常住人口密度不足 5 000 人/平方千米的区域,同时市也有人口高于 40 000 人/平方千米的区域,黄浦区老西门街道人口密度甚至超过 60 000 人/平方千米。

人口密度分布与城市建成区分布、土地使用、开发强度分区关系密切。城市之间及城市内部空间布局的差异对于公交需求的影响是显而易见的。

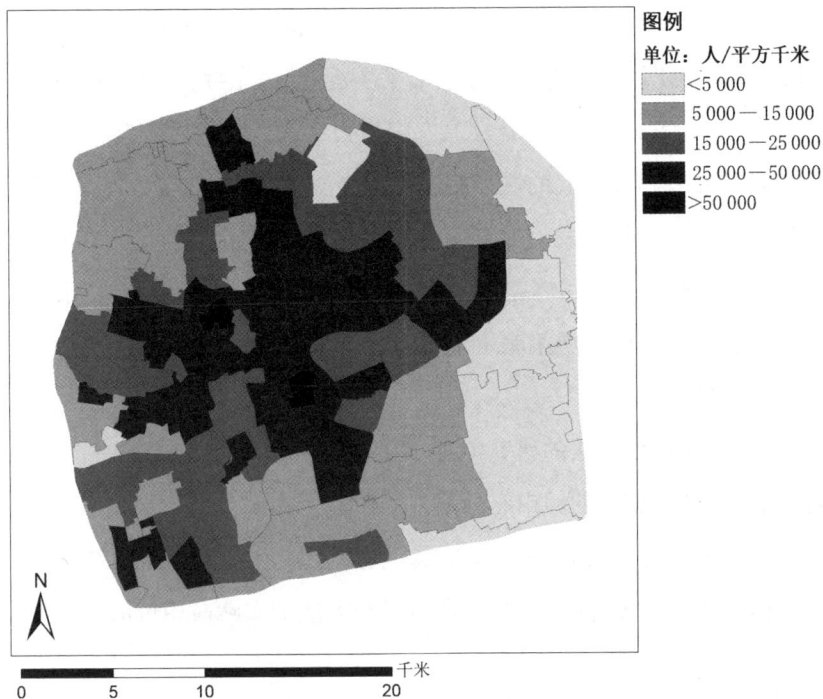

图 6.1　上海外环内分街道(乡镇)常住人口密度(2010 年人口普查)

简单来说,人口密度高的区域,通常公交出行的需求量也会相应地高;人口稀少或无人的区域,公交出行的需求量会相应地很低。此外,两个具有一定距离的高密度人口区域,相互之间发生的公交通勤需求会对两个区域间的地区产生影响。城市空间与密度布局因素对公交带来的影响,也会反馈到城市路网建成条件的需求中。如果城市路网条件无法适应相应的城市空间与密度布局,那么公交优先就难以实现。因此,提出分析方法,将城市布局因素与路网公交适宜性的评价结果相结合显得尤为必要。

二、引入城市布局因素的目的与意义

以考尔索普(Calthorpe,1993,2014)提出的 TOD 模式为代表的公交导向的城市开发策略,将城市土地使用、强度开发与路网规划、公交站点布局统筹协调。考尔索普(Calthorpe,2014)提出,在城市总体规划阶段,应根据土地使用和公共交通服务水平确定公交先导区(Transit Oriented Districts),公交先导区内部开发强度应与公交服务水平相适应,应构筑更适宜于步行、自行车和公交的城市路网。陈小鸿(2007)也提出,公交依附于城市道路网络,城市用地发生的交通需求需要公交进行服务,应当在城市用地和道路网络规划时,充分考虑公交需要,进行公交导向的路网和用地规划。因此,在公交优先的发展策略中,公交服务、城市路网、土地使用是互相作用的三个关键因素。

前文关于评价方法的研究中,针对的是路网结构与公交适宜性的关系,缺少与土地使用相关的城市布局因素的研究。在城市总体规划层面的工作实践中,若能将评价方法进一步拓展,能结合城市布局和路网结构进行评价,则能够更大程度地拓展应用范畴,提升方法的实践应用价值。

第二节　结合城市布局与路网结构的评价方法

一、总体思想——引入供需均衡的理念

城市道路建成条件可以视为一种公共资源。从 TOD 开发的视角看,在道路建成条件好,适宜公共交通通行的区域,应当相应的提高土地使用的开发强度。无论是居住用地,还是与就业等活动相关的商业服务业用地、公共服务设施用地等,开发强度高通常意味着在此居住以及就业等活动的人口密度也相应地高。因此,道路建成条件适宜公共交通通行的区域,需要相应地容纳更多的人口。从出行者的视角看,人口密度高的区域,需求的公共交通服务相应较高,需要合适的城市路网建设条件支撑。前文研究已证明,城市路网结构中的等级、密度、拓扑结构等均是可能影响到公共交通适宜性的关键属性,并且可以用路网的中间性密度指标评价路网的公交适宜性。

公共服务领域已经越来越重视供需均衡的理念,并进一步延伸出社会公平等理念。相比于以往纯粹基于空间的供给均衡布局模式,供需均衡更加考虑到使用者获得的服务水平的均衡性。在"包容性增长"理念日益重视的背景下[①],包括城市路网在内的城市物质建设环境服务水平更应重视空间上的供需均衡。

以图 6.2 为例,其描述了三种情况下的空间服务水平与需求分布的关系。第一种情况为:服务水平仅简单地考虑了空间上的均匀覆盖,而未考虑与空间上人口分布特征相关的服务需求是非均衡分布的(图 6.2a)。传统的以简单服务半径"画圈"方式满足"覆盖率"的思维方式接近这种模式。这种情况下可能造成某些区域内的服务水平远超需求,造成资源浪费,也可能造成某些区域的服务水平供不应求,造成供需矛盾。这种情况下虽然服务水平在空间上是"均衡"的,但是与需求不相适应。第二种情况为:服务水平与服务需求在空间上均是非均衡分布,但是两者的分布的特征趋势差异明显(图 6.2b)。这种情况下,服务水平几乎完全没有响应空间上的需求分布。以路网结构为例,若某一区域人口密集,公交需求旺盛,但是路网稀疏、路段的通行能力与可达性差,路网条件的适宜性难以支撑大量公交运行,就难以满足此区域的人口需求。反之,如果某一区域路网建设条件较好,适合运行较大规模的公交,但是土地使用开发强度很低,与人口、就业等规模相适应的公交服务需求也较低,那么该区域的土地使用开发就没有充分利用路网带来的优势条件。这种情况下,服务水平与需求的关系在空间上也是不匹配的。第三种情况是:服务水平在空间上的变化趋势基本与需求的变化趋势一致(图 6.2c)。这种情况下,服务水平的空间差异呼应了需求的空间差异,每个服务使用者的获得感接近,可以认为服务与需求的关系是匹配的,即供需关系在空间上是相对均衡的。

---

① 包容性增长倡导机会平等地增长,强调公平合理。2016 年 12 月 23 日联合国 67/216 号决议通过的《新城市议程》重视城市发展的包容性战略。

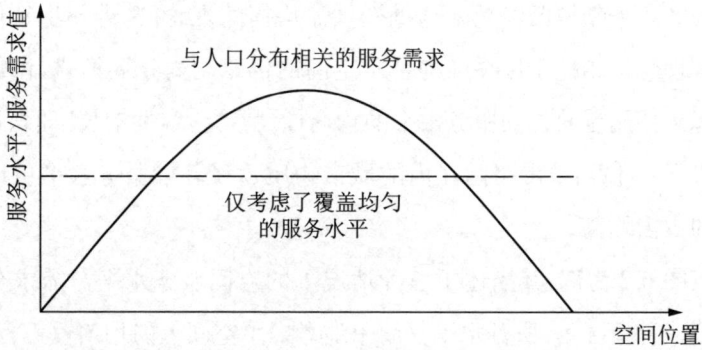

(a) 空间覆盖均匀的服务水平与人口分布差异下的服务需求不适应

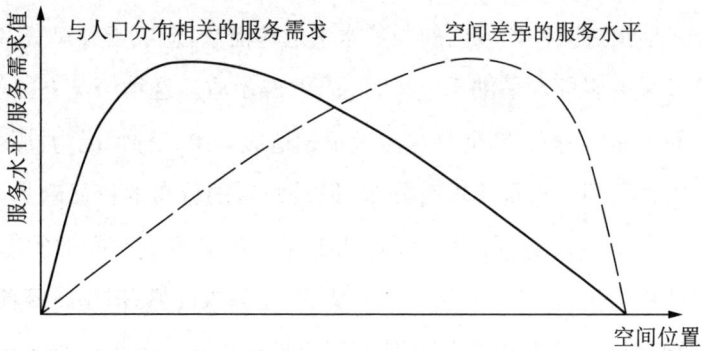

(b) 服务水平空间差异与人口分布空间差异不匹配

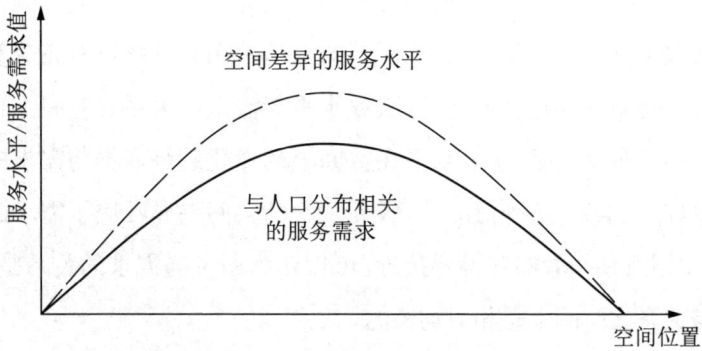

(c) 服务水平空间差异基本适应人口分布空间差异

图 6.2　服务水平与服务需求的空间上几种分布关系

二、总体评价——基尼系数

1. 衡量供需关系的空间"均衡性"

关于公共服务水平与需求如何在空间上相适应的分析方法,不少学者已有讨论。宋小冬(2014)在探讨中小学布局方法的改进时,基于 GIS 的密度估计法,提出了使学校空间服务水平密度与生源分布密度相适应的分析方法。该方法对于发现服务供需关系的矛盾有重要意义,但还不能对供需关系的均衡性做量化评价。反映社会贫富差异水平的基尼系数(Gini coefficient)的计算方法给本研究带来了启示。[①]面对公共绿地服务水平的空间均衡性与社会公平性问题,金远(2006)提出了用洛伦兹曲线评价,计算基尼系数来反映绿地分布均匀度的方法;唐子来(2015)、马玉荃(2017)用基尼系数的方法测度了上海市中心城内的人均享有的公共绿地的水平的社会公平性。对于公交服务水平问题,德尔博斯克(Delbosc,2011)用澳大利亚墨尔本作为案例,分析了站点的服务水平,并从居住人口密度分布和就业密度分布两个视角分析了服务水平的空间基尼系数。

2. 洛伦兹曲线的绘制原理

基尼系数最初用米衡量收入水平的差异程度,后来拓展到经济、社会等领域的研究中。基尼系数可以通过洛伦兹曲线测得(图 6.3),横轴为人口累计比例,纵轴为资源累计比例。在实际应用中,资源可以是财富水平与人口的累积,也可是公共服务水平与人口的累积。根据图 6.3 所示的洛伦兹曲线,当人口累计比例为 50% 时,对应的服务量累计比例不到 20%,若资源为财富水平与人口的累积,则表示财富水平较低的 50% 的人口所拥有的财富总量不足 20%。这往往意味着财富分布的明显不均衡。

以城市路网的建设条件为例,若用路网的公交适宜性水平与人口的累

---

① 基尼系数概念由意大利统计学和社会学家科拉多·基尼(Corrado Gini)于 1912 年提出。

计比例来作为纵轴的参数,横轴为人口累计比例参数。则图 6.3 表示位于路网公交适宜性水平最低区域的 50％的人口享受的路网公交适宜性的累计量不足 20％,这说明了路网建成条件的公交适宜性水平距离供需均衡还有明显差距。这种情况体现的特征为,部分人口密集的区域,路网的公交适宜性水平没有相应地提升;而部分人口稀疏的区域,则有可能路网的公交适宜性反而较高。在路网的公交适宜性水平没有与区域内的人口密度充分关联的案例中,可以认为其路网与土地使用开发的常规公交导向特征不明显。

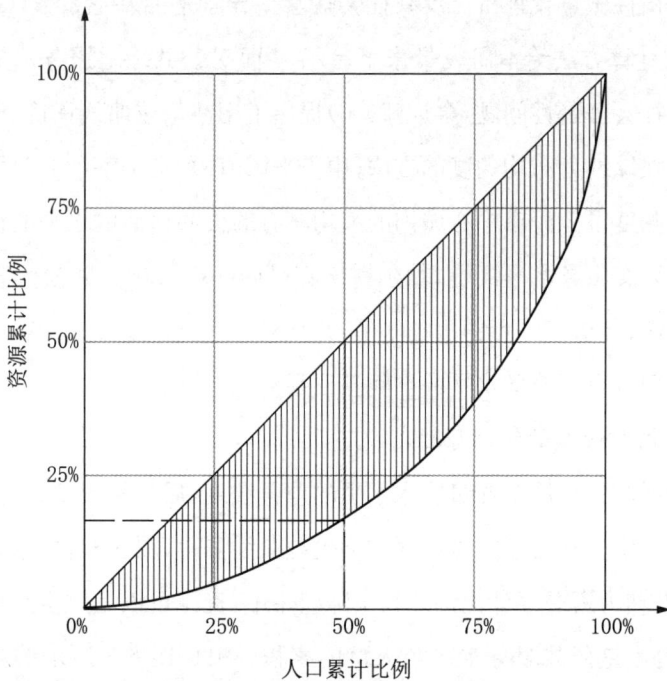

图 6.3　按人口累计比例与资源累计比例绘制成的洛伦兹曲线

3. 基尼系数的计算方法

对于一个"绝对均衡"的案例,其洛伦兹曲线为 $y=x$ 的一条经过原点的 $45°$ 的斜向右上方的直线。洛伦兹曲线与 $y=x$ 线围合而成的区域(图 6.3 所示的阴影区域)的面积与半个矩形的面积的比值为基尼系数。可知当基尼系数为 0 时，洛伦兹曲线即为 $y=x$ 的直线，此时绝对均衡；当基尼系数为 1 时，洛伦兹曲线为经过 x 轴和 $y=1$ 轴的一条反 L 形折线，此时绝对不均衡，即所有资源集中在一处。

基尼系数的取值区间为 $[0, 1]$，绝大多数情况下不会是 0 或 1，而是介于其中的某个数字。当基尼系数在 0.2 以下时，表示较为均衡；当取值为 0.2 至 0.3 时，表示距离均衡有一定的差距；当取值为 0.3 至 0.4 时，表示均衡性尚能接受；但是当取值为 0.4 至 0.5 时，则表示不均衡性已经很明显；当取值为 0.5 以上时，表示明显地不均衡，两极分化明显。上述数值是判断财富分布特征的经验值，在公共服务评价的研究中可作为参考。

以公共服务水平为例，基尼系数的计算方法为：

$$G = 1 - \sum_{i=1}^{n-1} (P_{i+1} - P_i)(R_{i+1} + R_i)$$

第 1 至 n 个人接受到的服务水平从小到大依次排序。其中，n 为总人口；P_i 为第 1 至第 i 个人的累计人口比例；R_i 为第 1 至第 i 个人接受的服务水平与人口累积量的比例。在本研究的路网的公交适宜性评价中，R_i 为第 1 至第 i 个人接受的路网公交适宜性水平与人口累积量的比例。

基尼系数的数值反映了公共服务供需关系的均衡性特征，在城市空间布局中，体现为服务水平与人口分布的关系。在实际应用中，横向比较城市或区域间的案例，纵向比较不同时间节点的案例，以及比较不同的方案的基尼系数具有一定的意义。

4. 数据选择与存储方式

在具体的案例应用中，P_i 参数所指除了使用人口数据，还可以使用建筑开发量、就业岗位等指标；R_i 参数所指的服务水平可以是路网的公交适宜性水平，也可以是公共绿地、基础教育等公共服务的水平。

在本章节的讨论中，研究使用采样点作为数据的存储载体，采样点即空间上均质分布的等距离点的集合，前文关于区域密度数据的回归分析时曾经用过该方式存储一个空间位置上的多重属性。采样点所存储的多重属性数据可以反映其所在位置一定范围内的相关的社会、经济、物质条件等属性的情况。根据研究的数据选择情况,采样点可以是由人口分布数据转换得到,也可以通过开发量分布等数据转制而成。采样点可以根据研究需要提取所在位置的相关服务水平的数值。

三、内部差异评价——残差可视化

1. 残差的计算

在总体评价服务水平的基础上,若能通过相应的方法识别出研究区域空间内部的供需关系的不均衡性所反映出的区域分布特征,则能够为相关问题的发现,针对措施的提出等工作提供重要的依据。

残差分析给上述需求提供了理论支撑及技术实现的可能性。以图 6.4 为例,横轴(x)为自变量,纵轴(y)为因变量,观测样本同时具有 x 数值的属性

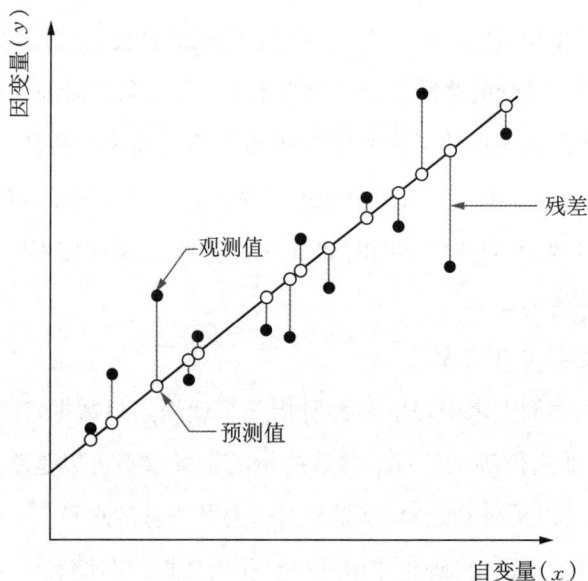

图 6.4　二元一次回归方程下的残差示意图

与 y 数值的属性,其在二维平面中的数值分布为黑色实心点。根据观测样本的数值拟合而成的二元一次方程为 $y=ax+b$。每个观测值的 x 属性数值代入 $y=ax+b$ 方程中可以得到预测值(白色空心点),可知所有的预测值均落在 $y=ax+b$ 这条直线上。每个样本的观测值与预测值之间的差值称为残差。

残差数值的正负属性反映出观测值与预测值之间的大小关系。当自变量为人口密度,因变量为服务水平时,残差为正数(即观测值大于预测值),则表示实际服务水平高于相应的人口密度下基于回归方程计算的预测服务水平;当残差为负数时,则表示实际服务水平达不到预测服务水平。残差数值的绝对值大小能够反映观测值与预测值之间的距离。残差的计算结果可以展现自变量和因变量之间的拟合预测关系与实际关系的差异,在社会科学问题的研究上有助于某些原因的分析与解释。

2. 可视化途径

GIS 分析中所有的样本都可以是空间上的点、线、面要素。本研究的样本可以是空间上的采样点,同时存储人口、服务水平等数据。因此,利用 GIS 平台,样本的残差分析结果可以表达成地图,提供可视化的专题图。

第三节　对上海的实证分析

一、总体分析

以上海作为案例,分析人口空间分布的特征与路网的公交适宜性水平之间的关系,计算基于人口的路网公交适宜性水平的基尼系数。

人口的数据选取 2010 年全国第六次人口普查的分街道(乡镇)常住人口数据,并根据行政区划矢量数据进行人口密度的计算(图 6.1)。将人口密度的矢量数据转化成栅格数据,并进一步转化为矢量点,本分析将栅格的像元尺度定为 200 米,因此,每个矢量点代表 200×200 米区域的人口密度。进一步地,可以按矢量点代表的面积计算每个点代表的总人口。该矢量点即本研究所需的采样点。

  道路网络的公交适宜性水平基于图 5.12 的计算结果,该结果基于中间性搜索距离 8 000 米,密度搜索距离 500 米,角度度量方式等条件设定计算而得。①使用值提取的方式将每个采样点所处位置的路网公交适宜性水平提取至属性表(原理见图 3.15)。根据采样点的人口与路网的公交适宜性水平绘制洛伦兹曲线(图 6.5),并计算基尼系数(表 6.1)。为了比较人口分布的空间差异特征带来的影响,本研究还计算了不考虑人口空间分布差异下

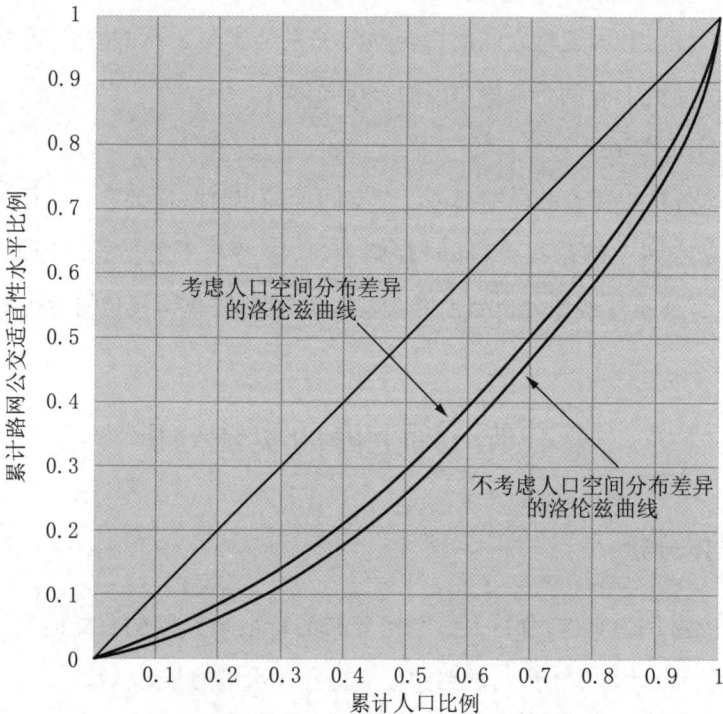

图中标注文字:
考虑人口空间分布差异的洛伦兹曲线
不考虑人口空间分布差异的洛伦兹曲线

纵轴:累计路网公交适宜性水平比例
横轴:累计人口比例

图 6.5 上海路网公交适宜性水平的洛伦兹曲线

① 中间性搜索距离、路网密度搜索距离、距离度量等概念及选择前文已讨论。

表 6.1　上海路网公交适宜性水平基尼系数

研究范围	考虑人口空间分布 差异的基尼系数	不考虑人口空间分布 差异的基尼系数
上海外环内	0.296	0.362

（即假设人口在空间上均质分布）的基尼系数（表 6.1）。与考虑人口空间分布差异的结果相比较，假设人口均质分布的基尼系数较高，路网的公交适宜性客观上在一定程度实现了与人口空间分布特征相适应。

二、内部差异分析

上述关于基尼系数的结果只能反映城市的总体情况，为了分析城市内部情况的差异，需进一步进行残差可视化的分析。

以采样点的常住人口数值作为残差分析的自变量（x），以采样点所处位置的路网公交适宜性水平作为残差分析的因变量（y）。基于二元一次方程的线性回归计算采样点的预测值（y），并计算残差。最后对残差进行标准化处理，计算所有残差值的标准差，并用原始残差值除以标准差得到处理后的残差标准化数值。任意一个采样点的残差标准化数值的计算方法为：

$$r_i = \frac{\varepsilon_i}{\sqrt{\dfrac{1}{N}\sum_{i=1}^{N}(\varepsilon_i - \mu)^2}}$$

其中，r_i 为采样点 i 的残差标准化数值，ε_i 为采样点 i 的残差（即观测值与预测值的差值），N 为采样点总数，μ 为所有采样点的残差平均值。

上海的分析结果如图 6.6 所示。[①]残差标准化数值为正数的，说明路网的公交适宜性水平观测值比预测值大；残差标准化为负数的，说明路网的公

---

① 残差基于最小二乘法的二元一次方程的拟合结果计算得成，路网公交适宜性水平与人口分布呈正相关关系，P 值小于 0.001。

交适宜性水平观测值比预测值小。图中深色区域为残差标准化为正数且绝对值较大的区域;浅色区域为残差标准化为负数且绝对值较小的区域;其余区域的观测值和预测值较为接近。

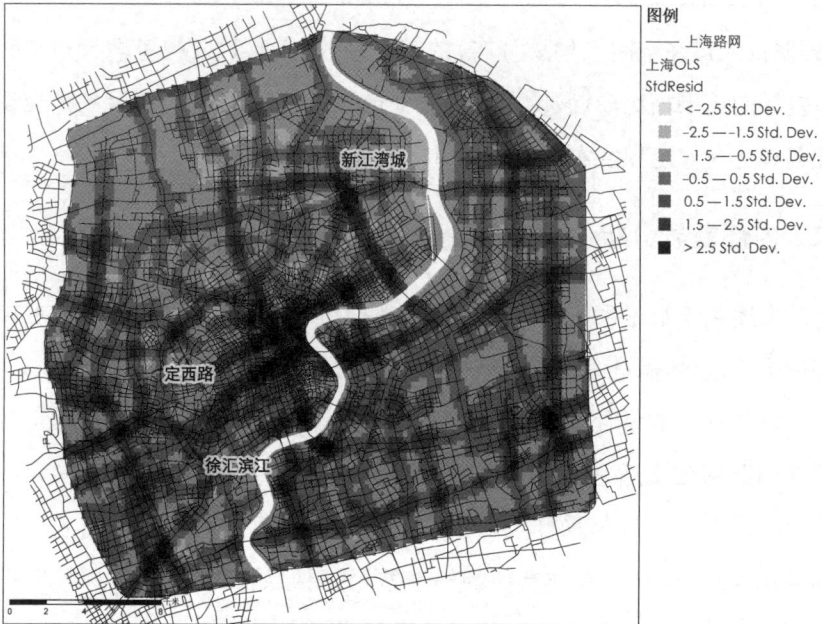

图 6.6 上海路网的公交适宜性水平与回归方程预测值的残差分析(自变量为常住人口)

上海中心区域(外滩—人民广场区域)为残差正向高值区域分布最广、最集中的区域,非中心区域呈现出一定的"框架式"高值区域分布特征。一些靠近市中心的区域呈现较大面积的残差值负数且低于−0.5 的区域,例如图 6.6 所示的定西路附近地区。一些近年来新开发的区域,例如新江湾城、徐汇滨江地区也呈现出路网的公交适宜性水平的观测值明显低于预测值的情况。

三、引入其他布局特征的进一步分析

除了人口数据,基尼系数计算和残差计算中的自变量(x)还可以选择就业岗位分布、土地使用开发强度等数据。受数据条件所限,本部分仅针对上

海进行分析。

1. 就业岗位与常住人口数据相结合

上述基于常住人口分布的研究具有一定的局限性,即仅考虑了通勤中的一个端点,即居住点,而未考虑另一个重要的端点,即就业点。因此,有必要将就业岗位分布特征与常住人口居住分布特征结合进行分析。

我国每隔约 5 年进行一次的经济普查统计了各个经济单位的就业岗位。将就业岗位数据落到空间,对于城市规划的研究具有明显的意义(骆悰,2015)。图 6.7 所示为根据 2013 年第三次经济普查数据统计的上海外环内分街道(乡镇)的就业岗位密度。[①]将常住人口分布密度与就业岗位分布密度叠加计算,得到图 6.8 所示的结果。

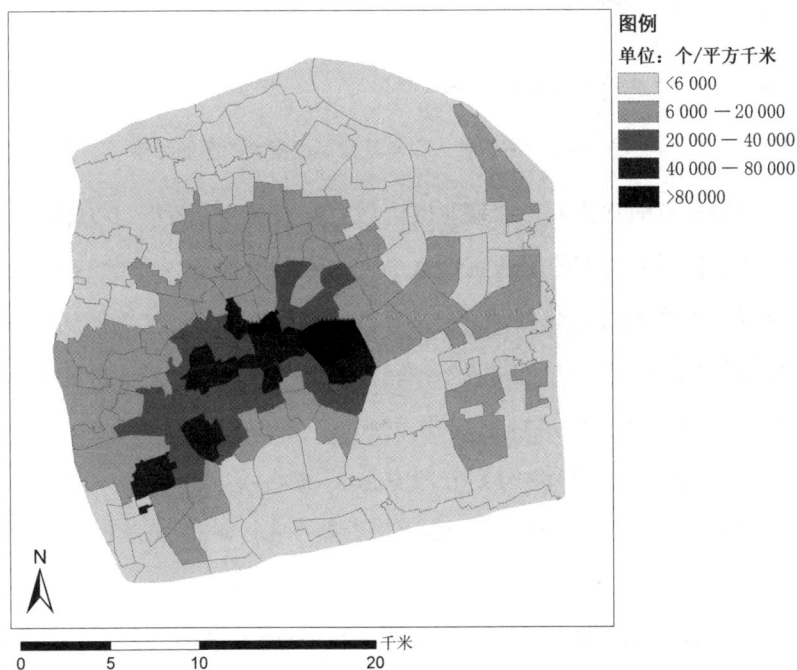

图 6.7　上海外环内分街道(乡镇)的就业岗位密度(2013 年经济普查)

---

① 数据来源:上海市房屋土地资源信息中心。

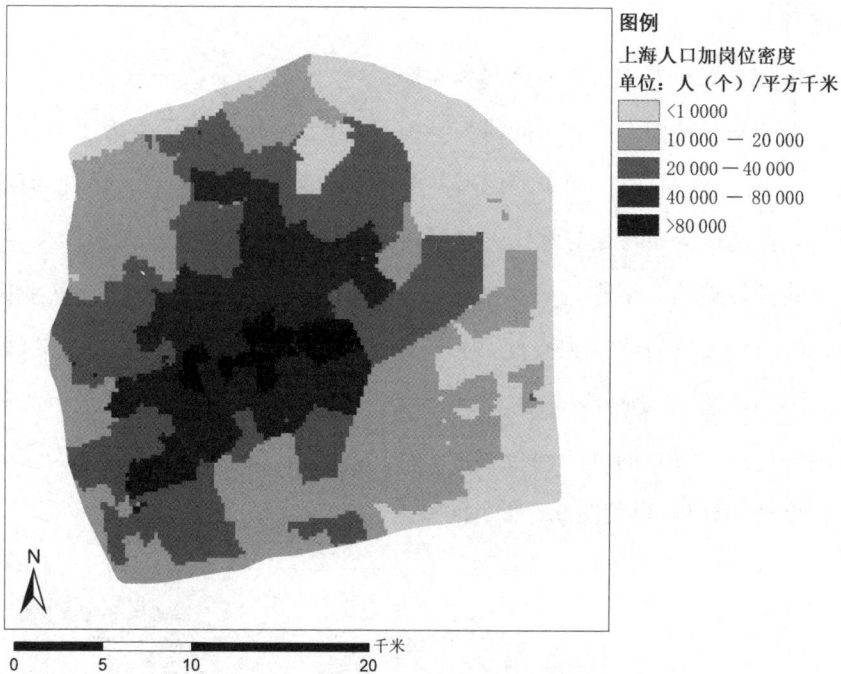

图6.8 上海常住人口与就业岗位密度的叠加结果

以采样点的常住人口加就业岗位数值作为残差分析的自变量(x),以采样点所处位置的路网公交适宜性水平作为残差分析的因变量(y)。计算每个采样点的残差标准化数值,分析结果如图6.9所示。比较使用常住人口加就业岗位作为自变量的分析结果(图6.9)与前文中仅使用常住人口作为自变量的结果(图6.8),发现残差标准化数值的分布特征总体接近,但仍存在比较明显的差异,例如外滩及陆家嘴地区(图6.10)。在使用了常住人口加就业岗位作为自变量后,陆家嘴西北区域的残差标准化数值下降明显。

陆家嘴区域的就业岗位的分布密度较高(图6.10),但常住人口的密度并不比周边区域高,甚至低于周边多数区域(包括黄浦江对岸区域)。根据残差分析计算的原理,如果上海市各区域的就业岗位数量与常住人口为固定的比例关系,那么采用叠加了就业岗位数据之后的自变量的残差分析结

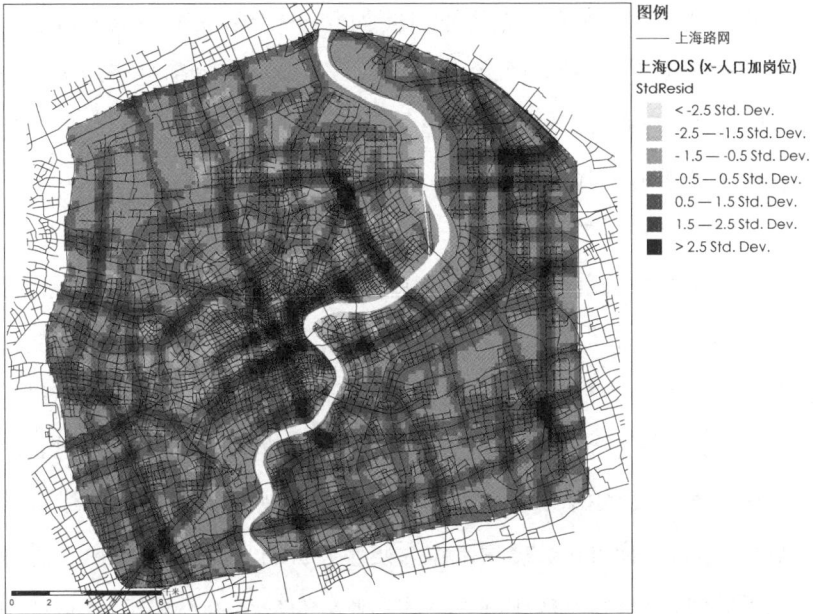

图 6.9 上海路网的公交适宜性水平与回归方程预测值的残差分析
（自变量为常住人口加就业岗位）

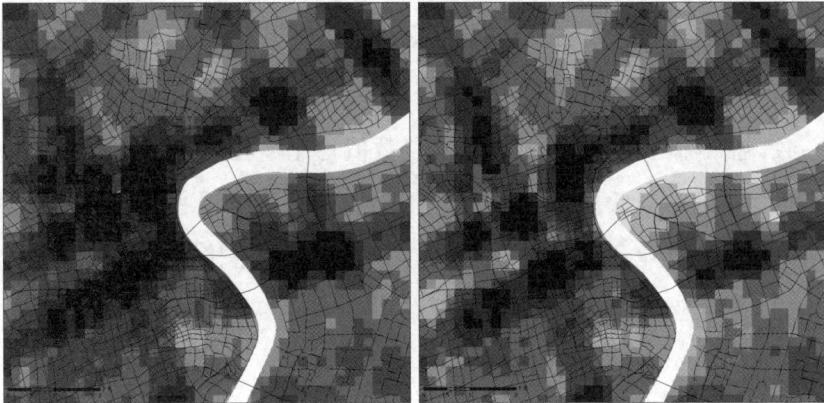

（a）常住人口作为自变量　　　　　（b）常住人口加就业岗位作为自变量

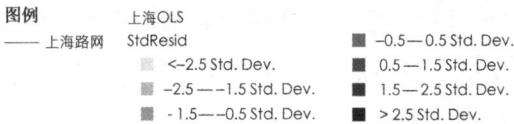

图 6.10 使用常住人口、常住人口加就业岗位作为自变量的情况下上海外滩
及陆家嘴地区路网的公交适宜性水平与回归方程预测值的残差分析结果比较

果基本不会变化。但是现实情况不可能如此,由于陆家嘴地区的就业岗位密度数值较为突出,两种数据叠加计算后,该区域的密度值处于较为突出的水平,也就意味着相应区域的路网公交适宜性水平的预测值提高,因而残差标准化数值会明显下降。

2. 土地使用开发强度数据

在现状分析中,同时采用人口和就业数据可以更好地模拟实际情况。然而,同时获取人口和就业的空间分布数据并不容易,且不少城市可能仅有原始的经济普查的表格数据,进行空间匹配与处理需要较大的工作量。在难以获得上述数据的情况下,可以使用现状的土地使用开发强度数据代替。土地使用开发强度数据同时包括了与居住和就业相关的地块的建筑量信息,也可以作为一种可选数据用来作为残差分析的自变量。此外,在进行规划方案评价时,获得精确的规划人口和就业分布数据也不现实,土地使用开发强度分区方案的数据则可以作为自变量供分析使用。

图6.11上海的现状案例中,分别使用现状常住人口加就业岗位、现状土地使用开发强度作为自变量时,路网的公交适宜性的实际观测值和预测值的残差标准化数值分布图。可以看出,两种自变量下的残差结果分布大体一致,陆家嘴西北区域的残差标准化数值均比单独以常住人口作为自变量计算而得的结果低。这说明了采用用地开发强度数据一定程度上可以同时囊括居住和就业分布的特征,适合作为无法获得直接就业和人口数据情况下的一种可选自变量。

四、小结与讨论

上海的分析结果表明,引入基尼系数的方法可以判断城市总体的路网公交适宜性水平的均衡性。这里所指的均衡不是空间上的均质分布,而是指应与人口、就业岗位、土地使用开发强度等分布特征相适应。简单来说,就是人口、就业等密度高的区域,应当适当提高适宜性水平。不过,关于基

(a) 常住人口加就业岗位作为自变量　　　(b) 开发强度作为自变量

图例　　　　　上海OLS
—— 上海路网　StdResid
　　　　　　　■ < -2.5 Std. Dev.　　　■ -0.5 — 0.5 Std. Dev.
　　　　　　　■ -2.5 — -1.5 Std. Dev.　■ 0.5 — 1.5 Std. Dev.
　　　　　　　■ - 1.5 — -0.5 Std. Dev.　■ 1.5 — 2.5 Std. Dev.
　　　　　　　　　　　　　　　　　　　■ > 2.5 Std. Dev.

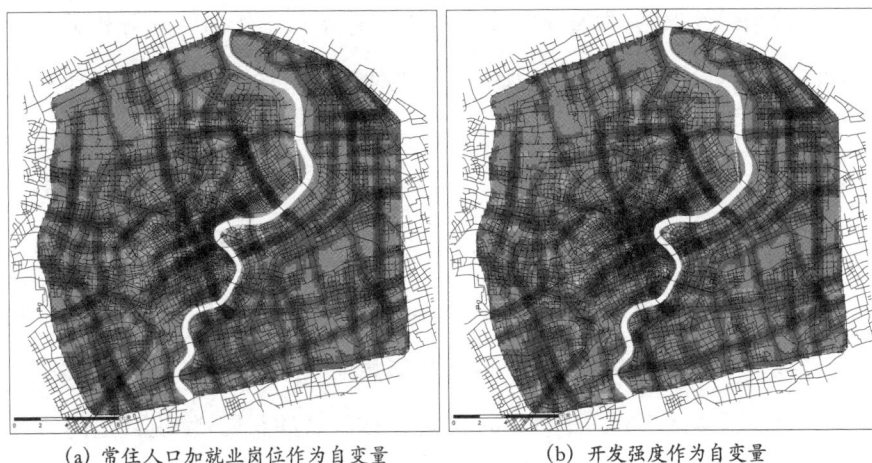

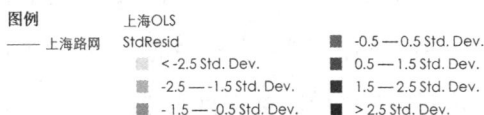

图 6.11　使用常住人口加就业岗位、开发强度作为自变量的情况下
上海路网的公交适宜性水平与回归方程预测值的残差分析结果比较

尼系数的数值,并不需要追求 0(即所谓绝对均衡),因为城市布局与路网使用是复杂问题,涉及因素较广,远不止本研究所关注的因素,过分追求基尼系数的低值既无可能也无必要。在规划实践中,基尼系数可以作为参照值,在案例对比、方案对比中发挥比较、参照的作用与价值。

　　进一步地,引入残差可视化的方法可以将城市内部的路网公交适宜性和人口密度、就业岗位密度、土地使用开发强度等分布特征的相互关系(实际情况和预测情况的差距)反映出来。本分析使用的方法避免了以往方法单纯追求"覆盖率"而忽略需求分布特征的局限,使服务水平(本案例中为适宜性水平)与需求密度的适应关系体现出来,包括总体的关系与内部具有差异性的关系特征。一般来说,依据残差分析结果,重点对残差值为负数且绝对值较大的区域的路网结构进行优化,有利于提高路网公交适宜性水平与城市布局特征之间的适应性。

受数据条件限制,本研究主要采用人口分布数据作为残差分析的自变量,在进一步分析时补充了就业岗位、土地使用开发强度等数据。关于自变量的选择,可根据研究场景(例如现状评价或者规划方案评价)、数据获取条件等因素合理确定。

本方法同时将路网的密度、拓扑结构、布局密度等因素纳入评价考虑①,因此分析结果可以综合反映这些因素的影响。以图 6.12 为例,图中画圈的区域为上海的老城厢南部地区和董家渡地区,该区域的路网公交适宜性的残差值明显低于周边地区。仔细观察该区域的路网,发现其道路密度甚至比周边地区还略高,似乎与路网密度越高越适合公交的已有结论不符合。然而,若观察该区域的路网拓扑结构,会发现存在较多的丁字路口,且路段的线线型较为曲折,这些都是不利于公交的因素。此外,该地区人口密度并不比周边低(图 6.1),且人口加就业岗位的总和密度与周边地区相比也无明显差距(图 6.10)。若综合这些因素,该地区的残差值明显低于周边地区则可得到相对合理的解释。

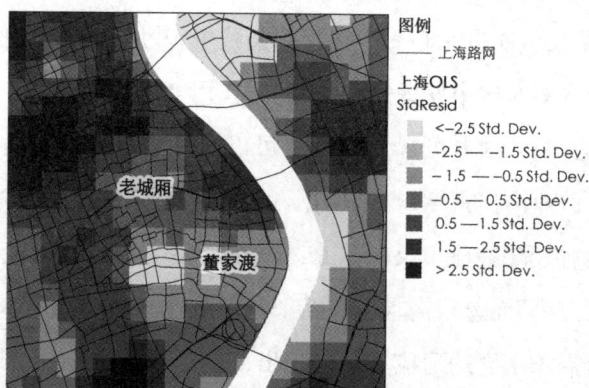

图 6.12 老城厢局部地区及董家渡的残差结果相对周边地区明显低

---

① 度量方式可纳入道路等级因素的影响。

第四节　方法的进一步探讨

一、残差标准化数值的"框架性"特征

　　从上述分析结果可以看出,残差标准化数值在较多的区域呈现出明显的"框架性"分布特征。即高值区域与低值区域反差明显,部分区域内的高值区域呈现出沿部分道路两侧分布的特征。

　　造成残差标准化数值"框架性"分布特征的原因可能是在路网的公交适宜性水平的评价阶段,不少区域的路段中间性密度即呈现出高值区域沿部分道路两侧分布的特征。上述为客观原因,但是否存在选用的城市空间布局数据的精度偏低的影响? 前文在统一采取的是以街道或乡镇为统计单元的常住人口分布数据,并且在后续针对上海的进一步研究中,为了便于比较分析结果,保持数据精度一致,补充的就业岗位分布数据也是以街道或乡镇为统计单元。研究范围内统计到的街道(乡镇)平均面积达到 5 平方千米左右,这个空间尺度通常可以涵盖数个街坊。反映布局的统计数据在街道(乡镇)空间内是均质的,无法反映出内部差异。

　　因此推测,是否有可能在街道(乡镇)内部,常住人口、就业岗位等数据呈现出一定的沿部分道路的"框架性"分布特征? 若使用更高精度的布局数据,是否有可能一定程度降低残差标准化数值的"框架性"特征? 本研究有条件获取上海更高精度的常住人口与就业岗位分布数据,统计单元为普查小区或者街坊,较原先以街道(乡镇)为统计单元的数据的精度明显提高。将上海外环内的更高精度的常住人口与就业岗位密度叠加,结果如图 6.13 所示。叠加结果表明,更高精度的布局数据似乎并没有呈现出明显的"框架性"布局特征。

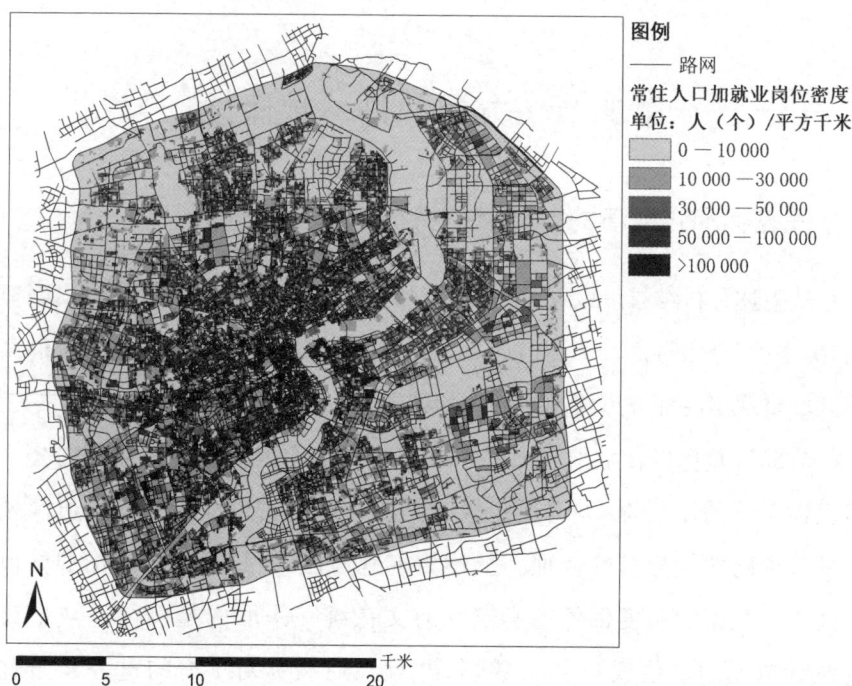

图 6.13　上海外环内按普查小区或者街坊统计的常住人口加就业岗位密度与路网叠加图①

　　进一步地,采用更高精度的数据作为自变量,进行路网公交适宜性水平的实际值与预测值的残差分析,并与原分析结果相比较(图 6.14)。分析结果表明,将布局数据的精度提高后,残差分析结果没有明显变化,原先呈现出残差标准化数值"框架性"分布特征的区域仍然基本保持原有的特征。因此,可以认为布局数据的精度并非造成残差分析结果"框架性"特征的原因。

二、理想与现实的区别

1. 现实路网条件的制约

　　上述分析表明,造成残差分析结果"框架性"特征的主要原因是路网的

① 常住人口的统计单元为普查小区,尺度较居委会(村委会)管辖范围小;就业岗位的统计单元为街坊,尺度也较居委会(村委会)管辖范围小。

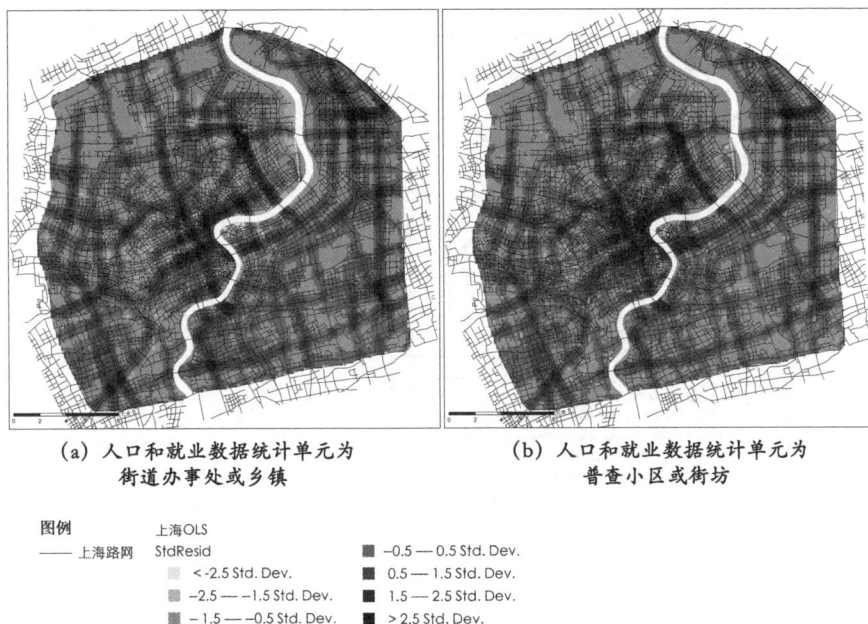

（a）人口和就业数据统计单元为
街道办事处或乡镇

（b）人口和就业数据统计单元为
普查小区或街坊

图例　　　　　上海OLS
——上海路网　StdResid
　　　　　　　□ < -2.5 Std. Dev.
　　　　　　　■ -2.5 — -1.5 Std. Dev.
　　　　　　　■ -1.5 — -0.5 Std. Dev.
■ -0.5 — 0.5 Std. Dev.
■ 0.5 — 1.5 Std. Dev.
■ 1.5 — 2.5 Std. Dev.
■ > 2.5 Std. Dev.

**图 6.14　使用不同统计单元尺度的常住人口和就业岗位数据作为自变量的
上海路网的公交适宜性水平与回归方程预测值的残差分析结果比较**

评价结果，因此需要进一步讨论造成路网评价结果"框架性"特征的原因。

现实路网存在诸多的不足，与理想路网条件存在较大的差距。现状路网条件的不完善对于公交线路的布局造成制约。路网密度的不足，拓扑结构的不完善等因素造成了路网上适宜通行公交的路段有限，迫使公交线路向少数条件较好的路段集中布局。这样就造成了部分路段线路的重复系数过高，而不少路段则没有线路或者仅有一两条线路，这就造成了公交线网的"框架性"特征明显，同时也造成了公交服务水平的区域不平衡。

假设一个理想的均质的方格路网，所有相邻交叉口的间距均为 400 米，南北和东西总距离为 10 千米。评价该路网的路段中间性及路段的中间性密度，结果如图 6.15 所示。无论是路段中间性还是路段中间性密度，数值均呈现出中心地区高，向外围依次递减的规律性特征，密度计算结果无"框

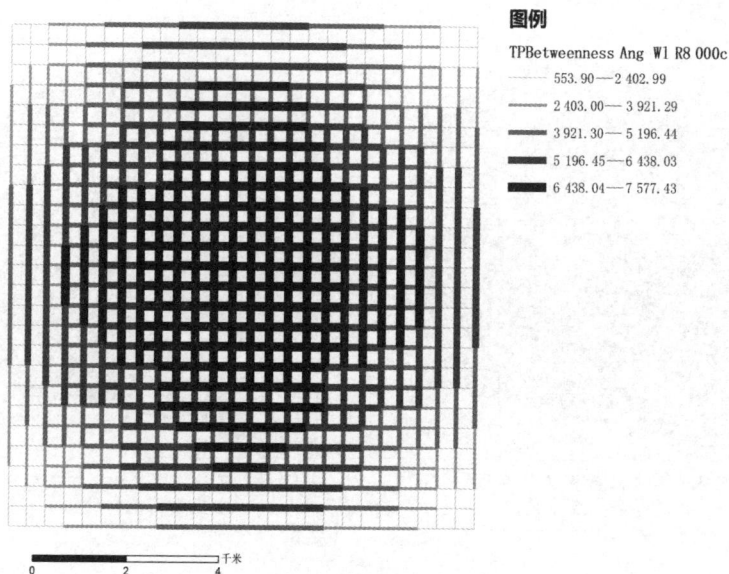

图例

TPBetweenness Ang W1 R8 000c

——— 553.90 — 2 402.99

——— 2 403.00 — 3 921.29

——— 3 921.30 — 5 196.44

——— 5 196.45 — 6 438.03

——— 6 438.04 — 7 577.43

（a）路段中间性

图例

——— 路网

TPBTAWL8000R500

〈VALUE〉

1 518.18 — 9 674.73

9 674.74 — 17 831.28

17 831.29 — 25 987.83

25 987.84 — 34 144.38

34 144.39 — 42 300.93

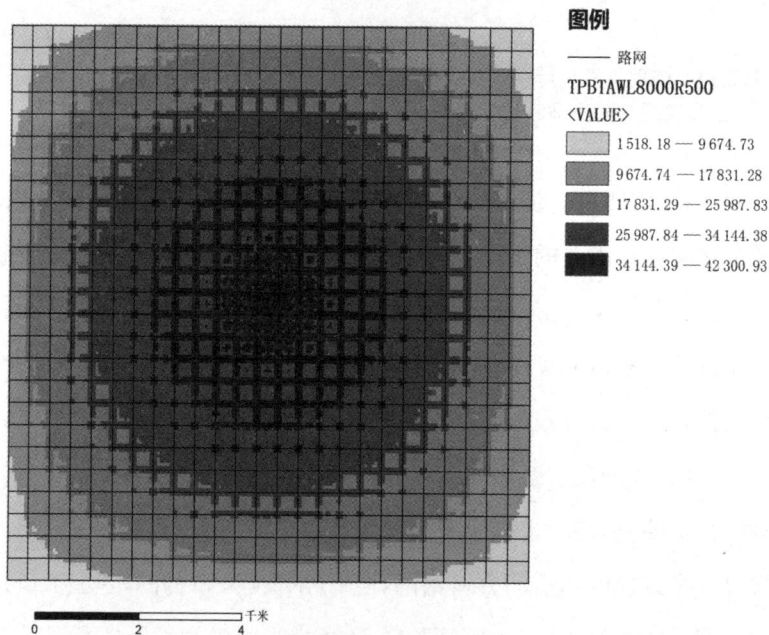

（b）路段中间性密度

注：路网间距 400 米，路网总长宽均为 10 千米；中间性的距离度量方式为角度距离，引入路段长度权重，搜索距离为 8 千米，密度统计搜索半径为 500 米。

图 6.15　典型的理想方格路网的路段中间性及其密度

架性"特征。这就意味着在这个理想的方格路网中,路网的公交适宜性呈现出中心区域最高,往外依次递减的规律。如果该区域的人口、就业岗位密度,或者土地使用开发强度等布局特征也相应地呈现出中心区域高,往外围区域依次递减的特征,就说明该理想区域的路网公交适宜性水平与城市布局特征相互适应。如果以上述特征的城市布局数据作为自变量,计算路网的公交适宜性水平的预测值与实际值的残差,其分析结果将不会出现"框架性"特征。

但是上述理想路网在现实城市中几乎不可能出现,城市的空间与路网布局受到地形、自然条件、历史、工程技术、政策等因素影响,每个城市均有自身的特点。实际建设的路网结构存在局部密度不够、连通性差等缺陷,其公交适宜性不会呈现出理想路网那样规律性的分布特征。并且,城市路网结构越不完善,对公交布局的制约越明显,路网评价结果的"框架性"特征通常也会越明显。因此,若要降低评价结果的"框架性"特征,完善现状的城市路网结构是关键的解决途径。

2. 密度统计搜索半径的影响

无论是路段中间性的密度统计还是公交线密度的统计,均需要用到一个关键参数,即密度统计搜索半径。参考公交站点一般的服务半径,本研究使用的密度统计搜索半径均为 500 米。因此,根据密度统计的原理,若上述理想路网的交叉口平均间距在 1 千米以内(即两倍的密度统计搜索半径值),则密度统计结果不会出现明显的"框架性"结果。也就意味着,在间距为 400 米的方格网路网中,相互平行的路段只需要每间隔 1 个为中间性高值路段即可不出现明显的"框架性"特征结果。如图 6.16 所示,在间距为400 米的均质方格路网中,只要保证深色路段的连通性,使之为中间性高值路段即可,浅色路段的连通性可以相对较低,允许部分浅色路段出现断头路、尽端路,或者交叉口非全互通的情况。但是在实际的城市方格路网中,连通性较高的路网也未必能达到图 6.16 中深色路网的密度以及均衡分布的程度。

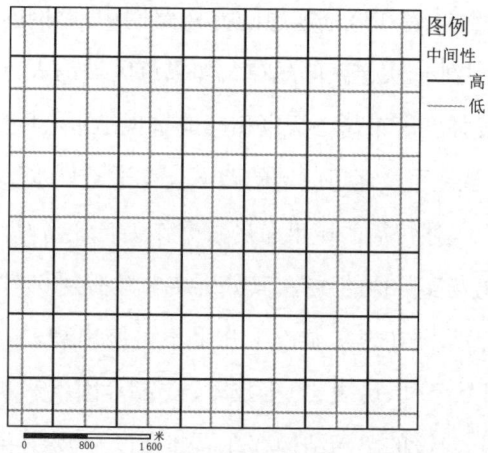

图例

中间性

—— 高

—— 低

0　800　1 600 米

**图6.16　密度统计搜索半径为 500 米时,中间性高值路段间隔 1 000 米
以内密度计算结果就不会出现明显"框架性"特征**

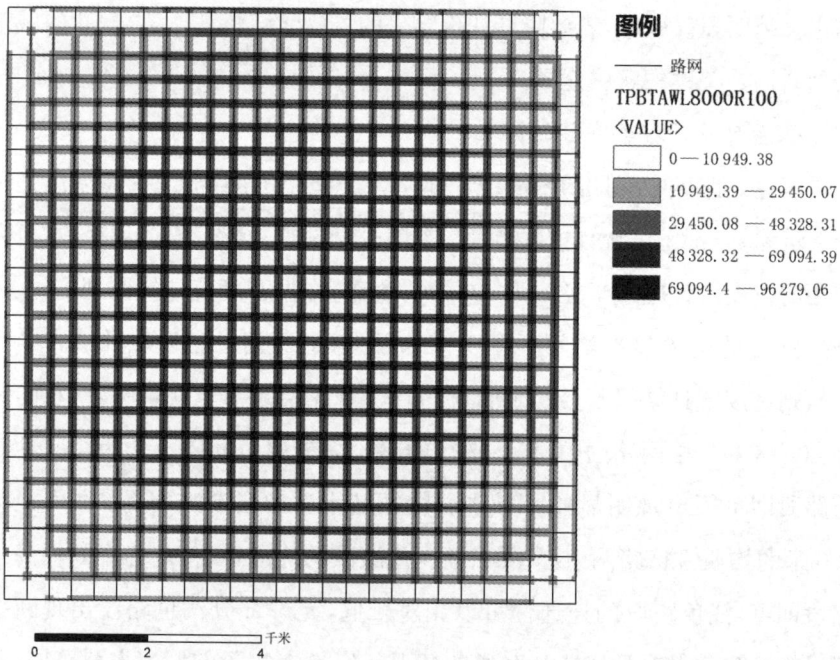

图例

—— 路网

TPBTAWL8000R100

〈VALUE〉

☐ 0 — 10 949. 38

▨ 10 949. 39 — 29 450. 07

▨ 29 450. 08 — 48 328. 31

▨ 48 328. 32 — 69 094. 39

■ 69 094. 4 — 96 279. 06

0　2　4 千米

**图6.17　密度统计搜索半径仅为 100 米时理想方格路网(间距 400 米)
的中心区域也会出现路网公交适宜性的"框架性"评价结果特征**

　　密度统计的搜索半径值对于密度分析结果的影响至关重要。当搜索半径为较小的数值（例如 100 米），即使是理想的均质方格路网，也会呈现出"框架性"的密度分析结果（图 6.17）。

　　同理，若搜索半径为较大的值，路段中间性数值"框架性"特征明显的路网，其密度统计结果的"框架性"特征则会显著降低。那么是否意味着为了减弱评价结果的"框架性"特征，需要增加密度统计的搜索半径？答案显然是否定的。正如前文所述，密度统计搜索半径对应的是常规公交的服务半径。密度统计搜索半径选择 1 千米就表示默认常规公交的服务半径可以达到 1 千米。由于密度统计半径为直线距离，因此对于公交使用者来说，从密度统计原点到搜索半径的边缘的实际步行路径长度可能还不止 1 千米。

　　在以常规公交为主的成熟城区，步行超过 1 千米才能到达公交车站是较远的距离，表明了该区域的公交服务水平较差；在轨道交通发展较为成熟的城区，步行超过 1 千米才能到达公共交通站点的情况下，可能会优先选择轨道交通，常规公交的互补优势难以发挥；在共享单车投放量足够的城区，公交站点距离超过 1 千米的情况下，若出行距离不远（例如 5 千米以内），可能会有一定比例的出行者选择直接通过共享单车出行并抵达目的地。在郊区或者乡村地区，路网密度通常较低，居住与就业等要素分布较为分散，以 500 米作为公交的服务距离的上限值则显得较为严格。

　　密度统计搜索半径是与公交服务距离密切相关的一个重要参数，该数值在城区研究范围内不宜随意提高，否则会将一些区域路网的密度不足、拓扑结构不合理等问题掩盖。由于本研究的选取的案例城市空间范围以城区为主，因此密度统计搜索半径以 500 米为佳，不宜超过 1 千米。在针对郊区、乡村等区域的评价中，密度统计搜索半径则可以适当增加。

　　现实城市不可能是均质化的，"疏密结合"是多数城市的实际情况。本研究不提倡绝对均质化的路网适宜性水平，但是提倡城市的布局密度应当与路网的公交适宜性相匹配，即公交适宜性水平高的区域，城市布局密度可适当提高,反之应适当降低。

上述提倡针对的是城区内部的总体规律,对于特殊区域,可以在评价结果的基础上作进一步判断。前文已述,本研究提出的方法可能更适合于发展相对成熟,功能相对混合的城市区域。郊区、乡村区域,以及相对独立的工业区的分析结果可作为参考。

三、区域评价结果作为补充

根据上述讨论,针对上海的分析评价结果在部分区域呈现出"框架性"特征,前文也通过分析发现了造成"框架性"特征的原因,并且证明了"框架性"评价结果的合理性。因此,原先基于采样点作为基本单元的残差分析的方法及其结果是有意义的。

以采样点作为基本评价单元的优点是可以通过控制单元的尺度来保证评价结果的精度。如果案例的路网结构问题较为突出,评价结果的"框架性"特征过于明显,则能够较为精确地看到实际值明显不足的区域,突出了存在问题的具体区域。在此基础上,还可以补充以区域(例如街道、控规编制单元等)为基本评价单元的分析结果,辅助总体的决策判断。

图 6.18 所示为以街道(乡镇)作为评价单元(即样本)的上海外环内路网的公交适宜性水平与回归方程预测值的残差分析结果。自变量为各个街道(乡镇)范围内的常住人口加就业岗位的平均密度,因变量为各个街道(乡镇)空间范围内采样点的路网公交适宜性评价结果平均值。

评价结果显示残差标准化值最低的两个街道为长宁区江苏路街道及毗邻的静安区曹家渡街道,附近的华阳路街道、新华路街道也是残差标准化数值较低的区域。其他残差标准化数值较低的区域还包括杨浦区的殷行、长白新村、延吉新村街道,以及宝山区的张庙街道等。上述区域的路网公交适宜性水平明显不适应人口与就业密度水平,路网结构有待优化完善。值得注意的是,陆家嘴街道的评价结果相比周边区域最低,残差标注化数值为负数,可能是

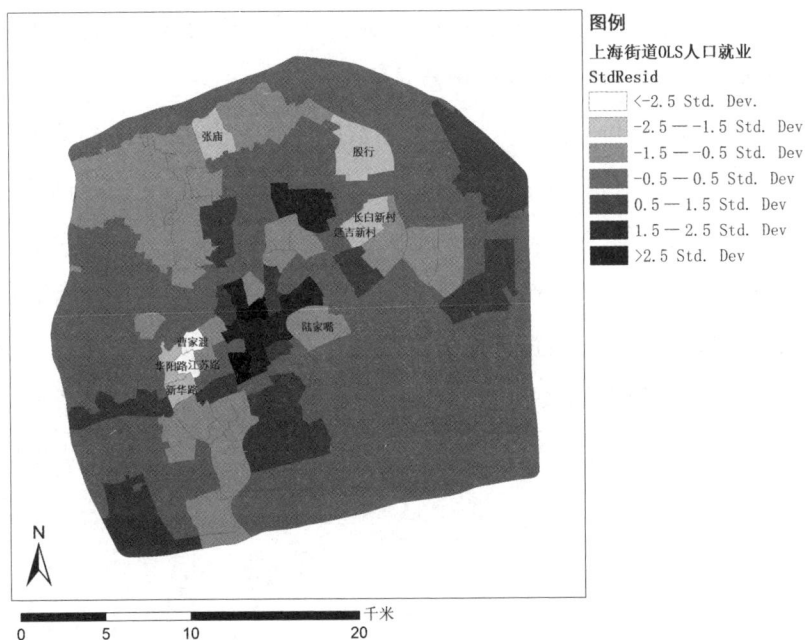

图 6.18 以街道(乡镇)作为评价单元的上海外环内路网的公交适宜性水平
与回归方程预测值的残差分析(自变量为常住人口加就业岗位密度)

由于当地高密度的就业岗位分布提高了路网公交适宜性水平的预测值。

分区域评价结果的优点是可以比较清晰地看出路网条件存在不足的整体区域。自然地形、行政区划、控规编制单元等都可以用来作为划区依据。需要说明的是,分区域的评价结果不可替代前文基于采样点的评价结果,而是作为补充结果辅助规划的决策判断。

第五节　小结与讨论

一、小结

本章节讨论了将城市路网和城市布局特征结合评价的方法,分析路网的公交适宜性是否与城市的人口或者用地开发的密度相适应。评价方法从两个层面提出，即总体层面和区域差异层面。

总体层面的评价方法引入了基尼系数的计算方法，将空间抽象为若干采样点，采样点提取相应位置的人口或用地数据，以及相应区域路网的公交适宜性数据。进而针对采样点的两个属性分别作为自变量和因变量引入基尼系数的计算中。计算的结果反映了以人口（或者开发量）为视角所获得的适宜性水平的均衡性。通过上海的现状数据分析发现，考虑空间人口密度分布差异下计算的基尼系数比不考虑人口密度分布特征的基尼系数普遍小，说明了现状路网的公交适宜性与人口分布之间已经存在一定程度的适应关系。

二、讨论

1. 基尼系数的数值

通过上海现状数据分析，发现基尼系数的数值在较小的区间内变化，但其数据的相对变化趋势是有显著意义的。对于绝对值，无需过分追求小数值。在城市内部，路网的适宜性水平不可能做到绝对均衡，也不可能阻止居民在公交适宜性相对较低的区域居住。即便在公交适宜性较高的区域，公共交通也不可能解决所有的交通出行需求，在公交适宜性较低的区域，个人交通的出行比例可以相应的提高。同步地，应制定分区域的政策措施应发挥引导或约束作用。

2. 关于自变量的选择

前文研究使用的残差分析自变量数据包括常住人口分布、就业岗位分布、土地使用开发强度等。自变量的选择，应根据研究的需要，考虑数据获取条件，并结合案例的具体情况综合确定。类似上海这种可以同时获取空间精度较高的常住人口分布与就业岗位空间分布数据的案例城市可能较少。因而在现状案例研究中，如果条件允许，也可以采用手机信令数据模拟的职住空间分布特征。在规划方案评价中，由于人口、就业等空间分布难以预测，可以采用开发强度分区规划方案的数据作为自变量，用以评价路网结构与强度分区方案之间的适应性（后续章节展开讨论）。

第七章
评价方法应用示例

本研究提出的结合城市道路网络结构和布局特征的评价方法适用于城市总体规划层面,与空间布局和路网结构相关的一些规划实践工作。本章选择城市总体规划层面的用地开发强度分区规划作为示例,展开评价方法的应用尝试。

第一节　应用示例的概况

选择浙江省宁波市作为应用示例城市。研究的范围为宁波市主城区,面积约为446平方千米。

图7.1所示的为宁波市某一阶段的路网规划方案和强度分区规划方案。强度分区方案中,强度分为四级,一级、二级、三级、四级强度分区的平均容积率分别为1.3、1.8、2.25、2.75。从该强度分区方案可以看出,主城区中心位置是四级强度街坊最集中的区域;周围有若干组团的中心也是四级强度分区,总体呈现中心地区强度高且集聚,周边强度低且分散的特征。

现拟以城市路网结构规划方案作为确定的前提条件,首先评价路网的公交适宜性,然后评价城市强度分区方案与城市路网结构的公交适宜性与之间相适应的程度,即匹配程度,并通过内部差异性的分析结果,对常规公交导向下的强度分区方案提供调整方向。需要说明的是,本案例研究不考虑轨道交通的影响。①

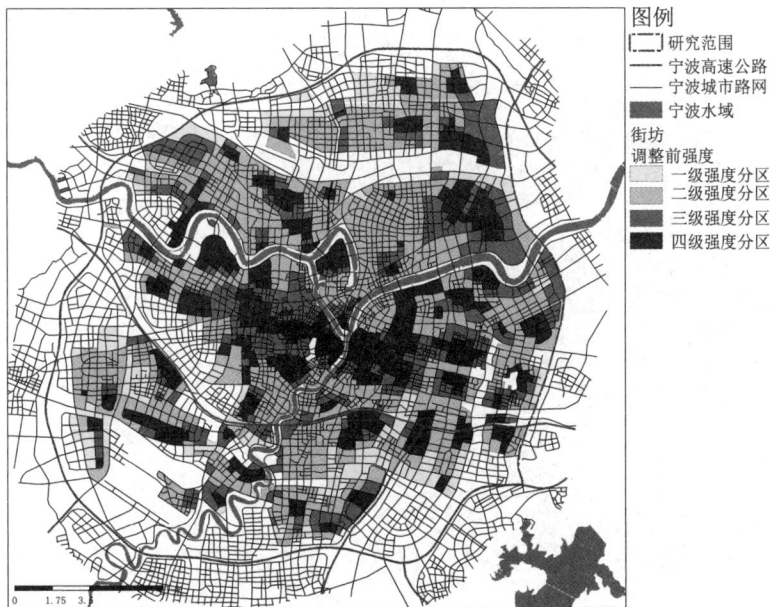

图 7.1　宁波主城区路网和强度分区阶段性方案②

第二节　城市路网结构的公交适宜性评价

根据已有的路网方案,进行路网的公交适宜性的评价。评价的前置条

---

① 宁波市第一条轨道交通线路于 2014 年 5 月 30 日开通试运营,本案例研究的 2015 年初仅有 1 条线路运营,截至 2018 年初,有 2 条线路运营。根据规划,2022 年后将有 5 条线路投入运营。本研究暂不考虑轨道交通的影响,单纯从常规公交的角度提出方法的应用探索。

② 此图基于《宁波市中心城建设强度分区规划》中间成果,使用 GIS 平台绘制而成,其中路网和强度分区方案均不是最终批复方案,相关数据仅供本文的方法应用示例使用,不做其他依据。

件中,度量方式为角度距离,中间性搜索距离为 8 000 米,密度搜索距离为 500 米。评价结果如图 7.2 所示。

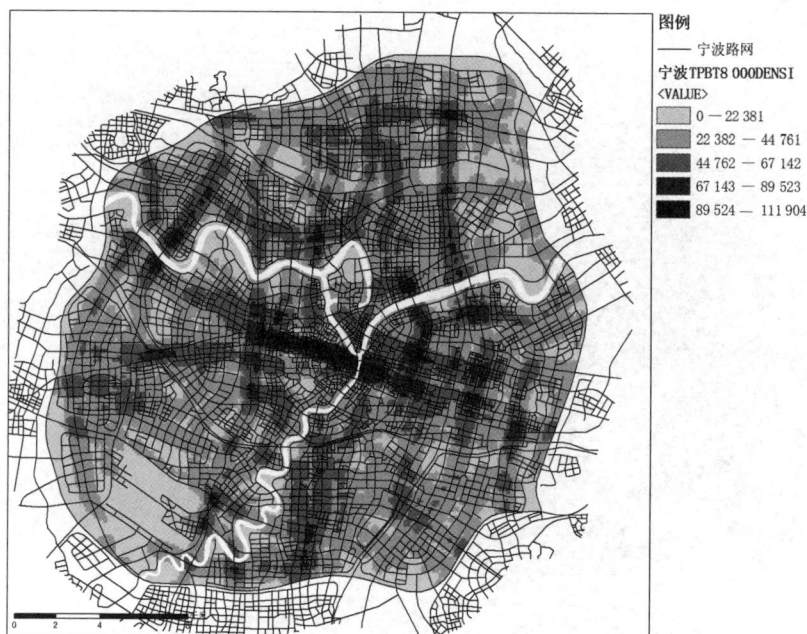

图 7.2　宁波主城区城市路网结构的公交适宜性评价

　　宁波路网的公交适宜性的中心高值区域集中,且成东西向的带状分布,跨越奉化江(即图 7.2 中所示的 Y 形河道的南支)。奉化江的西部为宁波老城核心区,江东为东部新城。因此,宁波市的路网公交适宜性较高的区域覆盖了老城核心区至东部新区这一重要的城市轴线区域。除了上述的高值区域,公交适宜性较高的区域在外围的区域也有一些带状、点状分布。

　　如果在规划阶段需要划分城市交通政策的引导区,路网的公交适宜性分析结果可以提供参考依据。路网适宜性高的区域宜作为公交优先发展区域,同时也是小汽车相对限制的区域;适宜性低的区域可以作为小汽车使用相对宽松的区域。

第三节 土地使用开发强度分区方案的评价

进一步地,在路网公交适宜性的条件下,对宁波已有的强度分区方案进行评价。

一、总体情况——基尼系数

与前文关于上海案例分析中不同的是,本应用示例在计算基尼系数时采用的自变量(x)为累计开发量比例,所需的数据即开发强度分区方案所提出的平均容积率。绘制而成的洛伦兹曲线如图 7.3 所示,基于宁波已有的

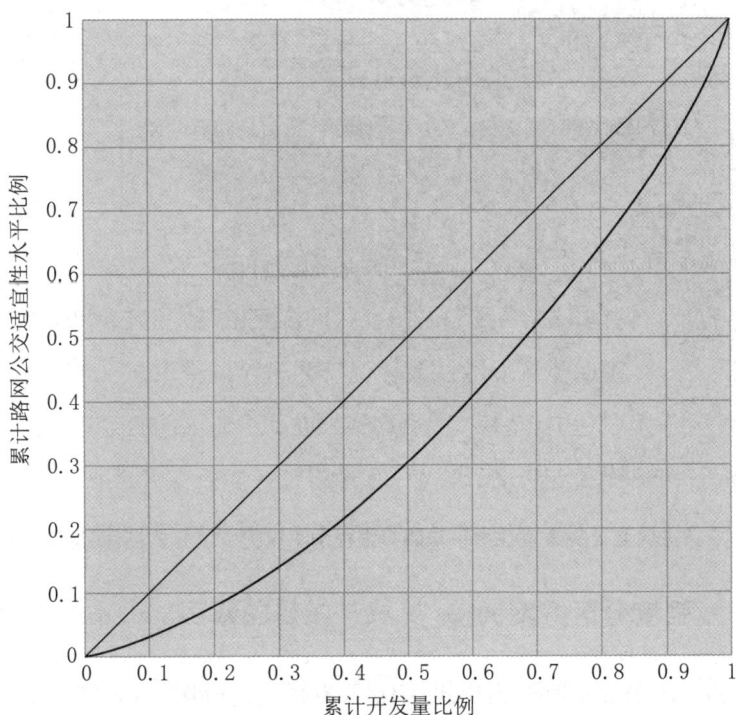

图 7.3 已有强度分区方案的洛伦兹曲线

强度分区方案计算得到的基尼系数为 0.265。需要说明的是,由于自变量不同,宁波的基尼系数结果与上述针对上海现状的分析结果没有直接可比性。

二、内部差异——残差可视化

通过残差可视化的方法绘制自变量为开发强度的路网公交适宜性水平的残差图。残差值的正负、绝对值大小的意义前文已做讨论,不再赘述。本应用示例中,对于残差结果进行了半径值为 1 000 米的焦点统计,目的是为了突出总体残差值的总体分布特征(图 7.4)。

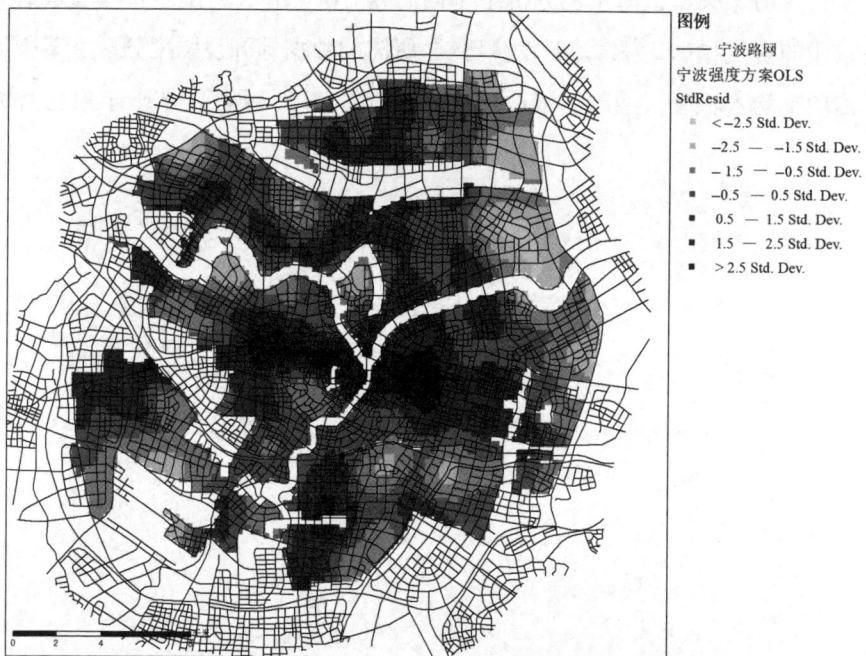

图 7.4 宁波主城区公交适宜性水平与回归方程预测值的残差分析(自变量为开发强度)

三、开发强度分区方案调整

以路网的公交适宜性为导向,调整开发强度的分区方案。调整方向为:公交适宜性高的区域进行较高强度的开发,适宜性低的区域相应地进行较低强度的开发。

以图 7.4 中的残差计算结果作为方案调整的依据。在保证开发总量不变的原则下的总体调整思路为:残差为正数,且绝对值较大的区域,在原有方案的基础上适当提高开发强度;残差为负数,且绝对值较大的区域,适当降低开发强度。调整后的方案如图 7.5 所示。

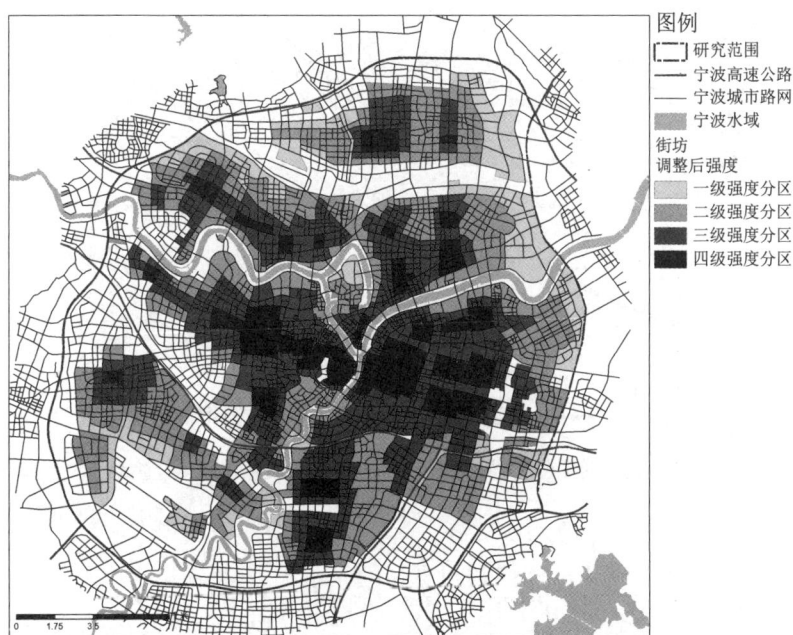

图 7.5 调整后的土地使用开发强度分区方案

调整前后的总开发量基本一致,均约 5.7 亿平方米,仍保持四级分级体系,主要对分区布局方案进行调整。以容积率作为自变量,调整后的方案的路网公交适宜性基尼系数为 0.229,相比于原方案的 0.265 有一定的降低,说明调整后的强度分区方案与路网的公交适宜性分布更加适应。

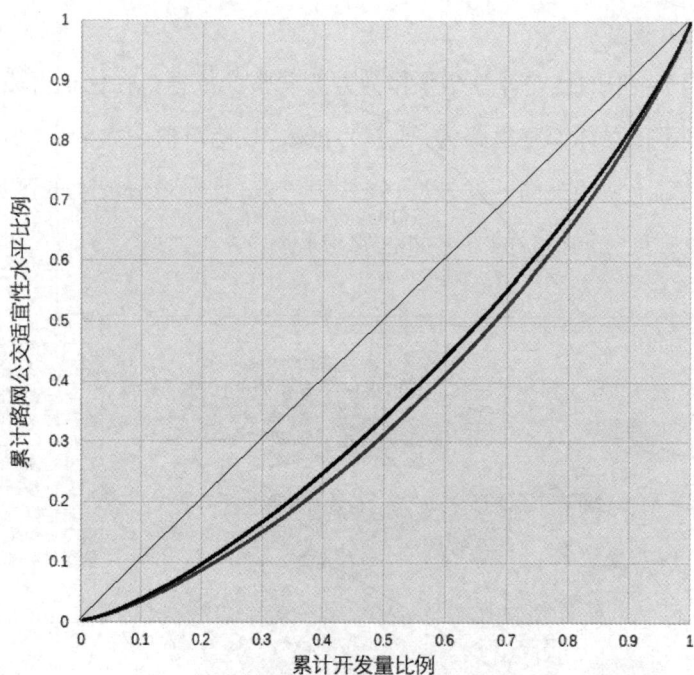

图 7.6　方案调整前后的洛伦兹曲线比较

第四节　结果的讨论

前文中所计算的基尼系数的主要作用为数值结果之间的比较,可以通过数值的降低或者升高判断强度分区与路网公交适宜性之间的协调关系的变化情况是降低还是提高。

目前开发强度分区规划的方法中,常用的一种方法是多因子叠加(薄力之,2016)。在诸多的因子中,与交通区位相关的因素通常包括主次干路、轨道交通站、公交站点、对外交通枢纽等。主次干路的因子评价一般是通过多环缓冲区赋值的方式进行,距离主次干路越近被认为越适合提高开发强度。

除了交通区位因素之外,强度分区涉及的因子还包括服务设施(含公共服务设施和商业设施等),此外还受到一些约束条件的影响,例如生态约束、限建区或禁建区的划定、景观控制等。由此可见,路网条件目前主要以交通区位的一种因子影响着强度分区模型分析的结果,且简单地以邻近距离作为分析方法。

如果以常规公交的路网条件适宜性作为开发强度的引导方向,即公交适宜性高认为适合较高强度的开发。传统的缓冲区的做法仅能在一定程度上反映路网的密度(例如路网密集的区域缓冲区覆盖面高,且叠加后赋值也高),无法反映拓扑结构等关键因素的对公交适宜性的影响。另外,路网条件是仅仅作为权重因子,是否需要将路网作为约束性影响也值得讨论。强度分区规划的方法中,关于约束因子通常包括生态影响、政策限制区等。某一地区即使其他条件都有利于开发强度的情况下,如果路网的条件较差,则难以支撑较高强度的开发。本示例的应用情景则是在前期的强度分区模型计算的结果的基础上,将路网的公交适宜性条件作为约束条件,进行方案的调整。

本研究聚焦于常规公交,因此在公交适宜性的研究中未专门讨论轨道交通的影响。在目前国内特大及以上等级的城市轨道交通快速发展的背景下,轨道交通的影响难以忽视。前段已说明,本示例中,基于原有强度分区的评价方法生成的方案,用路网的公交适宜性作为约束条件进行方案的调整。由于原方案的因子叠加计算的模型中有轨道交通站点的影响,因此本方法调整后的方案也是有轨道交通的影响。目前国内城市结合轨道交通站点(尤其是枢纽站点)的开发,已经适当地提高了站点周边的开发强度。站点周边地区的开发以商办或者混合功能开发为主,纯住宅的开发相对较少。因此,从建筑开发量的角度看,轨道交通站点的影响可能对商办等公共建筑的影响更大。对于住宅建筑,一方面由于受日照、居住环境品质等因素的影响,容积率的上限较商办建筑低;另一方面,在结合轨道交通站点开发时居住建筑通常较商办建筑距离站点远,因而住宅地块的容积率的区间范围通常较商办地块的区间范围窄。在实际的规划实践工作中,可单独针对居住、商办地块的开发强度进行研究。

第八章　结论与展望

本研究的主要成果包括:道路网络的公交适宜性评价方法的探索、城市空间布局特征与路网公交适宜性的协调关系的分析、影响路网公交适宜性的若干关键影响参数的识别。道路网络的公交适宜性评价方法以拓扑结构量化分析方法为主干,引入道路等级、路网密度因素。城市空间布局特征可以引入居住与就业空间分布、土地使用开发强度等。研究识别到的公交适宜性若干关键影响参数包括路网密度的适宜区间、拓扑结构中心性指标的选择及适宜搜索距离等。

第一节　总　　结

一、方法的总体框架

本研究形成了一套关于路网的公交适宜性的评价方法,并且可以将结果与城市布局的相关特征进行适应性评价。评价方法的总体框架如图8.1所示。

可以看出,路网的等级、拓扑结构、路网密度等特征均能引入评价方法的体系中。路网的公交适宜性是本评价方法所得的核心结果。后续的引入城市布局因素(例如人口、用地、就业岗位等),评价路网与城市布局的适应性是为了拓展应用场景与提高实用价值。

从评价方法的总体框架可以看出,拓扑结构的评价是方法的主干,路网等级可在距离度量方式的选择中引入拓扑结构的计算方法,路网密度可与中间性的计算结果结合。因此,与拓扑结构相关的分析评价方法是本研究的重点内容与成果。拓扑网络中节点的中间性计算是本方法使用的关键技术,并且在已有关于节点中间性指标评价方法的基础上,本研究提出了结合路网拓扑结构和密度的评价方法。另外,本评价方法的技术实现还借助了密度计算、采样点多值提取、基尼系数计算等技术方法的共同支撑。

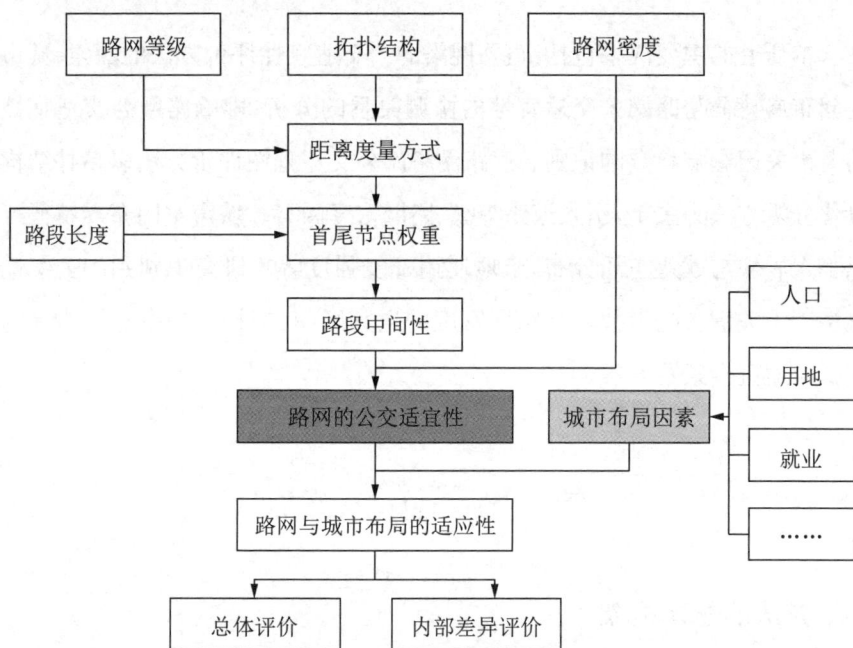

图 8.1 评价方法的总体框架

二、本研究主要进展

在已有的研究的基础上,本研究获得的主要进展包括以下几个方面。

1. 与路网拓扑结构相关的评价方法的改进

本方法以路网的拓扑结构的评价作为主干,因此相关评价方法是本研究的重点。以往研究多单独针对路网密度或者路网等级单独讨论。某些结合讨论的探索存在难以较好地反映空间内部差异与区域间的有机联系等不足。本研究在前人已有的拓扑节点中间性计算方法的基础上,首先针对城市路网中路段的中间性与公交线路的关系进行了分析。进一步地,通过现状数据分析结果比较,不断地改进拓扑结构相关的分析方法,并最终提出了结合路网拓扑结构和路网密度的评价方法。上述评价方法的实现,提供了将城市路网中的三大属性(道路等级、路网密度、路网拓扑结构)的影响整合进入评价方法的可能。

2. 从中国大城市路网与公交现状数据实证分析的角度对路网结构对公交适宜性的影响提供支撑

以往的研究多从理论模型计算、出行调查数据的角度讨论城市路网结构对于公交适宜性的影响。本研究选取大城市的城市道路网络与公交站线现状数据,从实验的角度,通过评价方法的讨论,解释城市路网的等级、密度、拓扑结构等主要特征对于公交适宜性的影响。一方面,相关成果在已有研究的基础上增加了结论支撑的角度;另一方面,本研究也通过大量的数据分析对于路网结构的公交适宜性进行了更加深入的讨论,例如关于路网密度的适宜区间、路段中间性的合适的搜索距离、距离度量方式的讨论等。

3. 城市路网与城市布局结合的评价方法与应用探索

为了提高路网评价方法的规划实践的实用性,本研究还提出了城市路网与城市布局相结合的评价方法,用于分析路网与用地布局之间的适应性。方法包括总体评价方法与空间内部差异性的评价方法。其中,引入了基尼系数的概念进行总体适应性的评价。以 TOD 开发的基本原则为基础,认为路网公交适宜性高的地区是公交优先区域,应当适合较高强度的开发。本研究在对现状数据分析的基础上,以城市总体规划阶段的用地开发强度分区布局研究为示例,进行了规划方案评价,为方案的调整提供了参考。

三、本研究的应用价值

1. 最直接的应用途径——城市路网结构的公交适宜性评价

本研究提出的方法框架适用于城市规划工作。城市规划设计工作阶段产生的矢量数据已经符合本方法关于数据的要求。城市路网结构的公交适宜性评价是本研究提出的评价方法最直接的应用途径。无论是现状路网还是规划路网均可使用本方法。前文关于宁波主城区的应用示例中,首先展开的就是规划路网的公交适宜性评价(图 7.2)。

在现状路网评价的应用中,一方面,计算结果可以为路网结构调整、规划提供参考;另一方面,路段、区域的公交适宜性评价结果可以为公交优先路段、公交优先区域的划定提供一定的决策依据。

在城市总体规划层面的工作中,规划路网的评价结果可以对路网方案的调整方向提供决策支持。在路网的多方案比选工作中,评价结果可以有助于选出常规公交适宜性相对较好的方案。

2. 路网方案与用地布局、开发强度方案的适应性评价

城市路网与用地等空间要素的布局关系密切。TOD 开发中,就强调土地使用与路网交通规划同时先行。本研究提出的方法能够结合城市的用地布局方案,对路网的公交适宜性与用地布局方案的适应性做出评价。

在用地布局阶段,可以对建设用地布局方案与路网方案进行评价,也可以单独针对某些类型的用地(例如居住用地)进行布局方案与路网适应性的评价。公交优先开发策略一般倾向于结合公交节点进行较高的密度开发,公交适宜性较高区域的用地开发强度可以适当提高。在土地使用开发强度分区的工作中,本研究提出的评价方法也可以应用。前文关于宁波市主城区的示例即进行了强度分区方案评价的尝试。

3. 参数及指标的使用价值

研究过程中,一些参数及指标的讨论与结论在规划实践工作中也有一

定的使用价值。

在路网密度的讨论阶段,发现路网密度从 0 提升至 5 km/km² 时,对于公交站点密度与线路密度的提升具有明显作用;但是当路网密度进一步提升,上述的提升作用就变的不再明显;当路网密度提升至 10 km/km² 以上后,对于站点的线路密度提升甚至有负面作用。该结论中的相关指标对于规划工作,甚至技术规范的指定具有一定的参考价值。我国城市在逐渐认识到以往的"大街坊、宽马路"的弊端之后,目前在一些新城区的规划上开始采用加密路网的方式。加密路网总体是有利于宜人的步行尺度形成,吸引公共交通的做法,但是在加密路网时,要把握好"度",避免道路建设资源的浪费。

在拓扑结构的研究阶段,涉及一个关键的参数,即中间性的搜索距离。中间性的搜索距离取值对于路段分析结果的解释意义有重要影响。研究发现,当中间性搜索距离较小时(例如 3 千米以下),路段的中间性指标与公交的适宜性关系并不明显;当搜索距离提升到 5 千米至 10 千米区间时,相关关系提升明显;不过当搜索距离进一步提升,乃至到全局(即全城)搜索时,相关关系反而会回落。这说明了城市道路需要在一个合适的尺度内表现出较高的中间性,才能较好地吸引公交线路。这个参数的表现特征对路网形态设计有重要的指导意义。以断头路或者两端都为丁字路口的道路为例,当搜索距离很短(例如 1 000 米),小于上述道路的总长度时,断头路和丁字路也能呈现较高的中间性,但是前文研究表明这种情况下的高中间性对于公交意义不大。如果道路的总长度在 5 千米至 10 千米的区间(中间有若干交叉口),哪怕两端都是丁字路,或者一端是断头路,其在相应尺度的搜索距离内仍能保持较高的中间性的话,那么丁字路口或者尽端点对其的公交适宜性的负面影响则可忽视。

除了上述指标,在路网密度计算中合适搜索距离的讨论,关于中间性的距离度量方式的讨论等也能对规划实践工作提供参考价值。

第二节 讨 论

一、重视道路功能的引导作用

若要使评价得到的高适宜性路段和区域真正有利于常规公交,还需要道路功能的引导等措施作为支撑。

陈小鸿(2004,2007)、石飞(2015,2016)等学者认为,我国现行的技术规范中城市道路等级划分方法以机动车速为主要依据,忽略了道路功能的作用,应当在分级体系中结合道路的功能。

本研究在道路等级的分析阶段发现,快速路虽然通行能力和设计车速高于主干路和次干路,但是在公交站点与线路设置上并没有体现出相应的优势。快速路的形式较为多样化,如上为高架、下为地面道路的形式,以及全地面或者全高架形式等。不同的形式显然对于公交的适宜性有重要影响。此外,路段的封闭形式等因素也会产生影响。如果单纯从现行的道路等级体系分类,上述各种形式的快速路均归为一种,但实际上这些不同形式的快速路在使用功能上具有明显区别。上述情况为断面形式带来的道路功能影响。

另外,政策因素的影响亦十分显著,例如针对具体交通工具的限行措施、车道的分配、公交专用道的划定等。

上述影响造成的道路功能的客观差异都会影响具体路段的公交适宜性。所以,城市总体规划层面所规划设计的路网结构是从宏观层面,在框架结构层面对公交适宜性产生根本性的影响;而道路的断面形式、交通引导政策等措施的事实上引导了具体道路的功能,对于公交适宜性产生更加直接的影响。因此,必须要重视道路功能的引导作用。其中,在物质建设条件基础上的政策管控作用尤为关键。

二、路网规划与公交规划

传统的公交规划通常是基于已有的现状或者规划路网条件的基础上进行线路与设施的布局。在这一阶段的工作中,常常将路网视为前提条件,较少对路网结构提出调整、完善的措施。与传统公交规划不同的是,本项研究着重的是城市路网的建设条件,倡导在城市总体规划的工作阶段合理设计路网方案,提高路网的公交适宜性,为公交创造灵活、宽松的物质条件。

路网规划与公交规划是两个不同的工作阶段,合理的路网规划方案有利于公交规划方案的编制。本项研究提出的评价方法适用于城市总体规划层面的路网规划工作,并非直接应用于传统公交规划阶段的线路、设施布局工作中。

因此,本项研究工作的目的并非对传统公交规划进行评论与改进,而是为了给公交规划创造更好的物质条件,在路网规划设计阶段提出更有利于常规公交的城市路网方案。

三、路网的公交适宜性与小汽车适宜性

同为机动车,小汽车与公交车的路网适宜性是否一致的问题可以从以下几点展开讨论。

第一,小汽车是个体交通,服务于个人;而公交车是大众交通,服务于群体。在公交适宜性低的路段,所处区域人口又稀少,无论从公共资源配置效益发挥的角度,或者是公交运营经济性的角度看,公交车选择在该路段通行都相对困难。然而,对于小汽车交通来说,由于其个体交通的属性,哪怕该区域只有一个车主有交通需求,也可以选择小汽车通过该路段出行。因此,若某地区路网的公交适宜性低,则对于公交的负面作用大于小汽车。

第二,与小汽车"点对点"的路径方式不同,公交车在线路上经过站点时会发生上下车的行为,与周边地块会发生关系。小汽车在"点对点"出行时,

会结合路况等因素尽量选择耗时（或距离）最短的路径；公交线路则通常不会是首末站之间的最短路径，其线路设计要考虑中途乘客的需求。

第三，路网的公交适宜性较高的部分区域，确实有可能同时也会吸引小汽车交通。这种情况下，出于公交优先的原则，前段讨论的路段功能的引导作用就应当发挥出来，给公交车分配更多的路权。

四、路网公交适宜性与路权公交优先

本研究聚焦于城市规划领域的路网结构建成条件，交通管理视角下的路权优先不是本研究关注的重点。不过，在实际发展中，两者应当是相辅相成的关系。例如：当路网结构的公交适宜性较高，并且路权优先公交，则对常规公交运行最为理想；当路网结构的公交适宜性较高，但是路权尚未充分优先公交，则可以通过管理措施优化来进一步促进公交发展；如果路网结构的公交适宜性较低，但是路权有限公交，则可以通过硬件建设条件的优化来促进公交发展；如果路网结构的公交适宜性较低，且路权尚未优先公交，则两方面均有提升空间。

五、本研究对于中小城市的适用性

本研究在研究计划阶段，已经将城市规模范围限定为大城市（含特大城市与超大城市），在现状案例分析时也是针对我国大城市进行分析与方法的讨论。但本评价方法的总体框架及内在逻辑对于中小城市具有同样的适用性。例如，路网结构中的道路等级、路网密度与路网的拓扑结构都是影响路网的公交适宜性的重要属性。提升道路的等级，在一定程度内也会提升相应路段的公交线路数量；提高路网密度，在一定程度内也会提升公交站点和线路的密度；提升路段的中间性，也会有利于公交线路通过的可能性。

不过，由于城市规模以及公交出行需求比例等情况的差别，中小城市一些具体参数的适宜性可能与大城市有差别。例如，中小城市在选择搜索半径指标区间时可能与大城市存在一定差异。5 千米至 10 千米的搜索距离可能已经接近一个中小城市的建成区的直径，那就意味着如果一味地追求相应搜索距离下的中间性最大值，那么完整贯通建成区的道路最有优势，一些不足 5 千米的但是在中小城市局部区域仍有重要作用的生活性道路的中间性则不会表现地较高。因此，对于中小城市，合适的中间性搜索距离可能相比大城市较小，具体的数值需通过对中小城市的案例研究获得。

综上所述，评价方法的框架体系与内在逻辑应同样适用于中小城市，但具体的一些参数的适宜区间可能有所不同。

六、中微观环境对于公交适宜性有重要影响

本研究的尺度为城市总体层面，对应规划实践工作中的总体规划层面。评价方法从宏观尺度对路网结构的公交适宜性做出判断。中微观尺度的要素环境的设计不是本研究涉及的内容，但是其对公交适宜性亦有重要的影响。例如，站点周边的步行环境，街坊的出入口与站点布局的关系，站点的上下行站台间的联系等。这些中微观尺度的环境设计在宏观尺度的总图设计阶段无法体现，但却对具体路段、空间上的公交适宜性有决定性影响。因此，要重视中微观层面的相关设计的作用，否则一些在总图上看起来适宜公交的区域，由于没有做好中微观阶段的设计，公交适宜性效果会"打折扣"。

第三节 研究展望

一、职住关系研究

日常职住通勤在公交出行中占有重要的位置。本研究在方法讨论阶段涉及了职住的空间分布特征，但未涉及职住之间的通勤关系。深化职住关系研究，在评价方法中引入职住通勤的空间关系是进一步研究的方向之一。

获得城市内部的职住关系结果与数据是该方向研究的前提。宋小冬（2017）以人口普查和经济普查为基础资料，手机信令为辅助资料，探索了考虑通勤距离的职住分离的测度方法。在进一步的研究中，可以将职住分离引入中间性计算的模型中，职住关系的特征数据纳入计算，使路段的中间性结果能够反映空间上的职住通勤关系的影响。

二、"量"的深化研究

石飞（2007）认为路网结构合理性研究偏重"容量"，对于"质量"的研究相对不足。本研究涉及的路网拓扑结构属性的研究着重的是路网的"质量"，而关于路网密度和等级属性的研究偏向的是"容量"。结合了路网密度和路网拓扑结构等属性的评价方法所生成的路网公交适宜性"量"的结果同时反映了"质量"和"容量"。在后续的结合城市布局的研究阶段，对于路网的公交适宜性的"量"的使用，主要是"量"的数值的相对关系的比较。对于"量"的绝对值意义的研究是进一步深化的方向。

三、轨道交通的影响研究

近年来，我国超大特大城市轨道交通快速发展，轨道交通客运量占公共交通客运量的比重不断提升，对于同属于公共交通的常规公交具有重要的影响，判断可能会影响常规公交对于路网结构特征的偏好。为了证实上述推断并发现具体影响，可以针对同一个城市，采用历史路网和公交数据，对典型年份开展分析，探索城市轨道交通发展对于常规公交路段中间性指标偏好、搜索距离敏感区间等方面的具体影响。

四、引入交通管理因素

通过评价拓扑网络结构中的节点（即路段）的中间性，已发现路段中间性指标与公交线路数量具有较强的线性拟合效果。不过，已有研究在路网数据结构构建,评价模型建立,计算方法设计等方面还相对较为粗略,对于交通管理因素的影响进行了简化或者忽略的处理。交通管理因素可以包括单行道的设置与引导、车道数量分配、路口管理等措施。未来深化研究阶段,有必要首先优化路网数据结构,使其更加能够客观反映交通管理因素影响下的现实路段的拓扑连接关系,这也是提高本研究可靠性与实际应用价值的关键路径。

参考文献

一、英文

Appleyard B.S., Livable streets for schoolchildren: how Safe Routes to School programs can improve street and community livability for children. National Centre for Bicycling and Walking Forum, 2005.

Badland H.M., Schofield G.M., Garrett N., "Travel behavior and objectively measured urban design variables: Associations for adults traveling to work." *Health & Place*, 2008, Vol.14(1):85—95.

Bavelas A., "Communication Patterns in Task-Oriented Groups." *The Journal of the Acoustical Society of America*, 1950, Vol.22(6):725—730.

Calthorpe P., *The next American metropolis: Ecology, community, and the American dream*. Princeton architectural press, 1993.

Cao X.J., Mokhtarian P.L., Handy S.L., "The relationship between the built environment and nonwork travel: A case study of Northern California." *Transportation Research Part A: Policy and Practice*, 2009, Vol.43(5):548—559.

Cervero R., "Built environments and mode choice: toward a normative framework." *Transportation Research Part D: Transport and Environment*, 2002, Vol.7(4):265—284.

Cervero R., "Jobs-Housing Balancing and Regional Mobility." *Journal of the American Planning Association*, 1989, Vol.55(2):136—150.

Cervero R., Day J., "Suburbanization and transit-oriented development in China." *Transport Policy*, 2008, Vol.15(5):315—323.

Chiaradia A., "Spatial design economies." *Architectural Design*, 2009,

Vol.79(4):80—85.

Chiaradia A., Cooper C., Webster C., "sDNA a software for spatial design network analysis." Cardiff University, 2015: http://www.cardiff.ac.uk/sdna/.

Cook E.A., "Landscape structure indices for assessing urban ecological networks." *Landscape and Urban Planning*, 2002, Vol.58:269—280.

Delbosc A., Currie G., "Using Lorenz curves to assess public transport equity." *Journal of Transport Geography*, 2011, Vol.19(6):1252—1259.

Ewing R., Cervero R., "Travel and the built environment: a meta-analysis." *Journal of the American planning association*, 2010, Vol.76(3):265—294.

Freeman L.C., "A Set of Measures of Centrality Based on Betweenness." *Sociometry*, 1977:35—41.

Freeman L.C., "The intuitive background for measures of structural centrality in social." *Social networks*, 1978, Vol.1(3):215—239.

Freeman L.C., "The gatekeeper, pair-dependency and structural centrality." *Quality and Quantity*, 1980, Vol.14(4):585—592.

Hillier B., Hanson J., *The social logic of space*. Cambridge University Press, 1984.

Hillier B., Iida S., Network and psychological effects in urban movement. COSIT: International Conference on Spatial Information Theory, Ellicottville, NY, USA, 2005.

Hillier B., Penn A., "Rejoinder to Carlo Ratti." *Environment and Planning B: Planning and Design*, 2004, Vol.31(4):501—511.

Jenks M., Burton E., Williams K., *The compact city: a sustainable urban form*? Routledge, 2003.

Jiang B., Claramunt C., "Topological analysis of urban street networks." *Environment and Planning B: Planning and Design*, 2004a, Vol.31(1):151—162.

Jiang B., Claramunt C., "A Structural Approach to the Model Generalization of an Urban Street Network." *GeoInformatica*, 2004b:157—171.

Jiang B., Claramunt C., "Research article integration of space syntax into GIS: new perspectives for urban morphology." *Transactions in GIS*, 2002, Vol.6(3): 295—309.

Katz P., Scully V., Bressi T.W., *The new urbanism: Toward an architecture of community.* New York: McGraw-Hill, 1994.

Krisp J.M., "Planning Fire and Rescue Services by Visualizing Mobile Phone Density." *Journal of Urban Technology*, 2010, Vol.17(1):61—69.

Marshall S., *Streets and patterns.* Routledge, 2005.

Morrison N., "The compact city: Theory versus practice—The case of Cambridge." *Netherlands journal of housing and the built environment*, 1998, Vol.13(2):157—179.

Newman P.W., Kenworthy J.R., "The land use—transport connection: An overview." *Land Use Policy*, 1996, Vol.13(1):1—22.

Porta S., Crucitti P., Latora V., "The network analysis of urban streets: a dual approach." *Physica A: Statistical Mechanics and its Applications*, 2006a, Vol.369(2):853—866.

Porta S., Crucitti P., Latora V., "The network analysis of urban streets: a primal approach." *Environment and Planning B: Planning and Design*, 2006b, Vol.33:705—725.

Porta S., Latora V., Wang F., et al., "Street centrality and the location of economic activities in Barcelona." *Urban Studies*, 2012, Vol.49(7):1471—1488.

Ratti C., "Space syntax: some inconsistencies." *Environment and Planning B: Planning and Design*, 2004, Vol.31(4):487—499.

Ratti C., Frenchman D., Pulselli R.M., et al., "Mobile Landscapes: Using Location Data from Cell Phones for Urban Analysis." *Environment and Planning B: Planning and Design*, 2006, Vol.33(5):727—748.

Reilly M., Landis J., *The influence of built-form and land use on mode choice.* University of California Transportation Center, 2003.

Sagl G., Delmelle E., Delmelle E., "Mapping collective human activity in an urban environment based on mobile phone data." *Cartography and Geographic Information Science*, 2014, Vol.41(3):272—285.

Schaeffer K.H., Sclar E., *Access for all: transportation and urban growth.* Columbia University Press, 1980.

Scott J., *Social Network Analysis.* SAGE Press, 2012.

Thomson J.M., *Great cities and their traffic.* London: Gollancz, 1977.

Turner A., "From axial to road-centre lines: a new representation for space syntax and a new model of route choice for transport network analysis." *Environment and Planning B: Planning and Design*, 2007, Vol.34(3):539—555.

Yeh A.G., "An integrated GIS and location-allocation approach to public facilities planning—an example of open space planning." *Computers, Environment and Urban Systems*, 1996, Vol.20(4—5):339—550.

Yeh A.G., Li X., "A cellular automata model to simulate development density for urban planning." *Environment and Planning B: Planning and Design*, 2002, Vol.29(3):431—450.

Zhang M., "The Role of Land Use in Travel Mode Choice: Evidence from Boston and Hong Kong." *Journal of the American Planning Association*, 2004, Vol.70(3):344—360.

Zhang M., "Travel Choice with No Alternative: Can Land Use Reduce Automobile Dependence?" *Journal of Planning Education and Research*, 2006, Vol.25(3):311—326.

二、中文

彼得·卡尔索普,杨保军,张泉:《TOD 在中国——面向低碳城市的土地使用与交通规划设计指南》,北京:中国建筑工业出版社 2014 年版。

薄力之,宋小冬:《建设强度分区决策支持研究——以杭州市为例》,《城市规划学刊》,2016 年第 5 期,第 19—27 页。

薄力之,宋小冬,徐梦洁:《城市建设强度分区规划支持系统的研发与应用——以宁波市中心城为例》,《规划师》,2017 年第 9 期,第 52—57 页。

蔡军:《论支路的重要作用——对〈城市道路交通规划设计规范〉的深入理解》,《城市规划》,2005 年第 3 期,第 84—88 页。

蔡军:《城市路网体系规划》,北京:中国建筑工业出版社 2013 年版。

曹炜威,张红,沈富强,等:《不同模式道路网交通便捷性比较》,《地理信息世界》,2016 年第 4 期,第 25—30 页。

陈晨,宋小冬,钮心毅:《土地适宜性评价数据处理方法探讨》,《国际城市规划》,2015 年第 1 期,第 70—77 页。

陈晨,王法辉,修春亮:《长春市商业网点空间分布与交通网络中心性关系研究》,《经济地理》,2013 年第 10 期,第 40—47 页。

陈小鸿:《上海城市道路分级体系研究》,《城市交通》,2004 年第 1 期,第 39—

45 页。

陈小鸿,黄肇义,汪洋:《公交导向的城市道路网络规划方法与实践》,《城市规划》,2007 年第 8 期,第 74—79 页。

陈燕萍:《城市交通问题的治本之路——公共交通社区与公共交通导向的城市土地利用形态》,《城市规划》,2000 年第 3 期,第 10—14 页。

陈燕萍:《适合公共交通服务的居住区布局形态——实例与分析》,《城市规划》,2002 年第 8 期,第 90—96 页。

陈燕萍,彭科:《公共交通与社区规划设计——以深圳为例》,《规划师》,2007 年第 12 期,第 56—59 页。

陈燕萍,宋彦,张毅,等:《城市土地利用特征对居民出行方式的影响——以深圳市为例》,《城市交通》,2011 年第 5 期,第 80—85 页。

陈哲,李彦:《城市道路的"宽而疏"及其弊端》,《城市问题》,2009 年第 9 期,第 28—31 页。

高贺:《城市路网结构形式适应性及道路横断面布置研究》,硕士学位论文,东北林业大学,2007 年。

弓福,石振武:《道路网形态与公交线网关系的研究》,《城市公共交通》,2010 年第 6 期,第 43—45 页。

韩胜风,陈小鸿:《我国大城市道路红线宽度研究》,《同济大学学报(自然科学版)》,2006 年第 7 期,第 909—912 页。

金远:《对城市绿地指标的分析》,《中国园林》,2006 年第 8 期,第 56—60 页。

李朝阳,王新军,贾俊刚:《关于我国城市道路功能分类的思考》,《城市规划汇刊》,1999 年第 4 期,第 39—42 页。

李朝阳,徐循初:《城市道路横断面规划设计研究》,《城市规划汇刊》,2001 年第 2 期,第 47—52 页。

李德华:《城市规划原理(第三版)》,北京:中国建筑工业出版社 2001 年版。

李海峰:《城市形态、交通模式和居民出行方式研究》,博士学位论文,东南大学,2006 年。

李苗裔,龙瀛:《中国主要城市公交站点服务范围及其空间特征评价》,《城市规划学刊》,2015 年第 6 期,第 30—37 页。

李星,过秀成,叶茂,等:《面向公交优先的城市道路分级配置体系研究》,《交通运输工程与信息学报》,2010 年第 3 期,第 93—98 页。

刘冰,颜淋丽,张涵双,等:《关于重构城市道路分类体系的探讨》,《城市规划学刊》,2014年第5期,第92—96页。

刘世梁,崔保山,温敏霞,等:《纵向岭谷区道路网络特征和生态系统变异统计规律》,《科学通报》,2007年第S2期,第71—77页。

刘颖:《面向公交和慢行系统的城市道路网结构适应性研究》,硕士学位论文,长安大学,2012年。

骆悰,申立,苏红娟,等:《经济普查数据在城市总体规划中应用的探索与思考》,《上海城市规划》,2015年第6期,第27—31页。

马玉荃:《面向居民的公共绿地服务水平评价方法——对1982年和2015年上海市内环内情况的比较》,《上海城市规划》,2017年第3期,第121—128页。

钮心毅:《城市总体规划中的土地使用规划支持系统研究》,博士学位论文,同济大学,2008年。

钮心毅,丁亮,宋小冬:《基于手机数据识别上海中心城的城市空间结构》,《城市规划学刊》,2014年第6期,第61—67页。

钮心毅,王垚,丁亮:《利用手机信令数据测度城镇体系的等级结构》,《规划师》,2017年第1期,第50—56页。

潘海啸,任春洋,杨眺晕:《上海轨道交通对站点地区土地使用影响的实证研究》,《城市规划学刊》,2007年第4期,第92—97页。

潘海啸,汤諹,吴锦瑜,等:《中国"低碳城市"的空间规划策略》,《城市规划学刊》,2008年第6期,第57—64页。

任春洋:《高密度方格路网与街道的演变、价值、形式和适用性分析——兼论"大马路大街坊"现象》,《城市规划学刊》,2008年第2期,第53—61页。

施耀忠,陈学武,刘小明:《公路网规划的技术评价指标与评价标准研究》,《中国公路学报》,1995年第S1期,第120—124页。

石飞:《公交导向视角的城市道路网规划设计指标探讨——基于〈TOD在中国〉一书相关章节的讨论》,《建筑与文化》,2015年第11期,第116—117页。

石飞:《城市道路等级级配及布局方法研究》,博士学位论文,东南大学,2006年。

石飞,居阳:《公交出行分担率影响因素分析——基于南京主城区的实证研究》,《城市规划》,2015年第2期,第76—84页。

石飞,梅振宇,徐建刚:《西方居住社区街道模式演进分析及启示》,《国际城市规划》,2014年第3期,第55—61页。

石飞,王炜:《城市路网结构分析》,《城市规划》,2007年第8期,第68—73页。

石飞,于世军:《公交导向的城市道路网结构体系研究》,武汉:华中科技大学出版社 2016 年版。

　　宋小冬,陈晨,周静,等:《城市中小学布局规划方法的探讨与改进》,《城市规划》,2014 年第 8 期,第 48—56 页。

　　宋小冬,王园园,张开翼,等:《考虑通勤距离的职住分离测度方法》,《城市规划学刊》,2017 年第 6 期,第 25—32 页。

　　孙晨:《城市公共交通换乘枢纽与周边路网衔接研究》,硕士学位论文,北京建筑大学,2014 年。

　　孙世超,庄斌,黄伟:《基于机器学习的公交卡数据中通勤人群辨识方法》,《交通工程》,2017 年第 1 期,第 58—64 页。

　　唐佳,李君轶:《基于微博大数据的西安国内游客日内时间分布模式研究》,《人文地理》,2016 年第 3 期,第 151—160 页。

　　唐子来,顾姝:《上海市中心城区公共绿地分布的社会绩效评价:从地域公平到社会公平》,《城市规划学刊》,2015 年第 2 期,第 48—56 页。

　　陶遂:《基于智能公交卡数据的出行行为的时空间分析及规划启示——以布里斯班为例》,《上海城市规划》,2017 年第 5 期,第 94—99 页。

　　王德,钟炜菁,谢栋灿,等:《手机信令数据在城市建成环境评价中的应用——以上海市宝山区为例》,《城市规划学刊》,2015 年第 5 期,第 82—90 页。

　　王运静,李强:《北京市地面公共交通线路网现状评价》,《交通运输系统工程与信息》,2007 年第 5 期,第 135—141 页。

　　肖扬,李志刚,宋小冬:《道路网络结构对住宅价格的影响机制——基于"经典"拓扑的空间句法,以南京为例》,《城市发展研究》,2015 年第 9 期,第 6—11 页。

　　熊鹏:《常规公交导向的大城市道路网络结构》,硕士学位论文,同济大学,2015 年。

　　熊鹏,宋小冬:《道路网络密度与公交线网的关系分析——以上海 9 个典型地区为例》,《上海城市规划》,2016 年第 5 期,第 101—108 页。

　　徐军,罗嵩龄:《公路网连通性研究》,《中国公路学报》,2000 年第 1 期,第 98—100 页。

　　徐循初:《我国城市道路网规划中的问题》,《城市规划汇刊》,1992 年第 6 期,第 4—7 页。

　　徐循初:《三论我国城市道路网规划中的问题》,《城市规划汇刊》,1996 年第 5 期,第 1—4 页。

　　徐循初:《再谈我国城市道路网规划中的问题》,《城市规划汇刊》,1994 年第 4 期,第 1—8 页。

徐柱,刘彩凤,张红,等:《基于路划网络功能评价的道路选取方法》,《测绘学报》,2012年第5期,第769—776页。

杨佩昆:《重议城市干道网密度——对修改〈城市道路交通规划设计规范〉的建议》,《城市交通》,2003年第1期,第52—54页。

杨涛:《我国城市道路网体系基本问题与若干建议》,《城市交通》,2004年第3期,第3—6页。

杨吾扬,张国伍:《交通运输地理学》,北京:商务印书馆1986年版。

叶茂,于淼,过秀成,等:《公交导向的历史城区干路网平均间距优化》,《北京工业大学学报》,2013年第8期,第1250—1254页。

叶彭姚:《城市道路网结构特性研究》,博士学位论文,同济大学,2008年。

叶彭姚,陈小鸿:《雷德朋体系的道路交通规划思想评述》,《国际城市规划》,2009年第4期,第69—73页。

叶彭姚,陈小鸿,崔叙:《城市道路网布局结构对公交线网密度的影响》,《同济大学学报(自然科学版)》,2012年第1期,第51—56页。

曾珊珊,石飞,徐建刚:《中国城市街道模式与居民出行方式互动关系》,《城市发展研究》,2016年第3期,第8—14页。

张子昂,黄震方,靳诚,等:《基于微博签到数据的景区旅游活动时空行为特征研究——以南京钟山风景名胜区为例》,《地理与地理信息科学》,2015年第4期,第121—126页。

周涛,但媛,朱军功:《城市道路网连通性评价指标探析》,《城市交通》,2015年第1期,第60—65页。

周月平,石飞,徐建刚,等:《公交导向的居住区规划设计探讨》,《现代城市研究》,2016年第3期,第2—8页。

卓娜,石飞,王红扬:《公交导向下的道路分级体系重构——以汕头市中心城区为例》,《现代城市研究》,2016年第3期,第19—27页。

邹兵:《"新城市主义"与美国社区设计的新动向》,《国外城市规划》,2000年第2期,第36—38页。

后　记

　　本研究始于本人攻读博士学位期间,本书在博士学位论文部分内容的基础上,修改完善而成。

　　我在同济大学建筑与城市规划学院攻读硕士及博士期间的导师宋小冬教授对本研究的选题给予了重要启发。在研究的各个阶段,宋老师都给予了充分的指导。尤其在研究遇到困难,产生迷茫情绪的时候,宋老师总能在关键时刻及时地给予我鼓励,让我重新正确认识到已有研究工作的价值,继续前行。在我工作后,宋老师对我的科研指导与关心一直延续至今,是我名副其实的"终身导师"。

　　记忆中,我从小学中高年级开始就对地理产生了浓厚的兴趣。那个时候酷爱手绘各种地图。在那个城市建成区快速扩张的年代,我特别喜欢在既有的城区街道地图的基础上,通过铅笔手绘的方式在郊区延伸城区的路网,"规划"城市路网未来的格局。在当时,我甚至还会在空白的纸上虚拟设计一块地形,通过手绘路网的方式模拟城市从无到有,从小到大不断蔓延的过程。

　　正是由于这一兴趣,我在本科阶段即选择了城市规划专业,后来有幸在研究生阶段进入宋小冬教授师门,有机会结合城市规划与地理信息系统开展学术研究,可以说是如愿以偿。虽然宋老师已过花甲之年,但是他对于学术研究的热情,治学态度的严谨,以及对于工作的专注与负责态度非常值得我们年轻人学习,也使我受益终生。

怀着对学术研究的热情,以及期望延续拓展已有研究方向的初心,我在毕业后有幸来到了上海社会科学院工作。上海社会科学院是一个多学科交叉的科研平台,能够给予不同学科碰撞、交流、发展的空间。因此,本人有机会在工作后延续既有的研究方向,也有机会在前辈的指导下适度拓展研究领域。参加工作之后,在路网结构研究方向,除了一如既往的获得宋老师的研究鼓励和支持外,我还有幸获得了国家自然科学基金青年项目"高密度城区路网拓扑结构定量评价方法及规划技术研究——基于公交优先的视角(项目批准号:51908354)"的资助,同时也得到了工作单位上海社会科学院多方面的支持。

本次出版获得本人所在的工作单位上海社会科学院的出版资助。这项资助主要面向院内科研人员的个人学术成果出版。在此,特别感谢此项资助能让本书能够顺利出版!同时,前文也已说明,本项研究的缘起和主体工作为本人在同济大学攻读博士学位期间完成,因而特别感谢母校同济大学及导师宋小冬教授的培养!

本研究开展过程中,同济大学肖扬教授提供了关键建议,也给了我莫大的鼓励,让我对于研究的推进充满了信心。同济大学钮心毅教授是本项研究工作忠实的"反对者",通过及时地给我指出研究中存在的问题,让我避免了不少弯路。同济大学王兰、杨辰、彭震伟、陈晨等老师,师门的杨育军(亦是专业启蒙老师)、薄力之、罗智丰、周静、张海晔、熊鹏、王园园、丁亮、王垚、谢琛等兄弟姐妹,罗宇龙、高璟、程鹏(亦是同事)等学长,王灿、李鹏、卜嘉田、尹宏玲、乔鑫、崔秉亮等同学亦给予了不同程度的关心与帮助,一并致谢!上海人民出版社编辑王琪先生等为本书的出版工作提供了重要帮助。特别指出,家庭的支持对于科研工作的开展至关重要,非常感谢我的爱人马玉荃及全体家人的付出、支持和理解。在研究开展中给予关心和支持的人太多,难以一一致谢,恳请谅解!

发展公共交通是具有空间高密度发展特征的中国超大特大城市解决交

通拥堵问题的必然选择路径。常规公交是公共交通的重要组成部分。与轨道交通不同,常规公交的运行尤为依赖城市道路网络的建成条件,城市道路网络结构从等级、密度、拓扑结构等角度对常规公交的良性运营起到关键的影响作用。本书以上海作为主要研究对象,试图证明路段等级、路网密度、路网拓扑结构特征对常规公交布局的重要影响,通过量化分析的方法识别关键影响参数,试图为规划实务中常见的路网规划设计工作提供分析方法的支撑。

　　本研究还在继续推进中,未来还会不断拓展与深化,以期能够提升成果的实际应用价值。因此,先行出版的本书不可避免地存在若干缺点和不足,恳请读者批评指正,也欢迎有兴趣的读者一起交流与探讨!

陈　晨

2022 年 1 月

图书在版编目(CIP)数据

适宜常规公交的城市道路网络结构/陈晨著.—上
海:上海人民出版社,2022
(上海社会科学院重要学术成果丛书.专著)
ISBN 978-7-208-17533-4

Ⅰ.①适… Ⅱ.①陈… Ⅲ.①城市交通网-网络结构
-研究 Ⅳ.①U491.1

中国版本图书馆 CIP 数据核字(2021)第 268134 号

责任编辑 王 琪
封面设计 路 静

上海社会科学院重要学术成果丛书·专著
适宜常规公交的城市道路网络结构
陈 晨 著

出 版 上海人民出版社
      (201101 上海市闵行区号景路 159 弄 C 座)
发 行 上海人民出版社发行中心
印 刷 上海商务联西印刷有限公司
开 本 720×1000 1/16
印 张 13.5
插 页 2
字 数 173,000
版 次 2022 年 1 月第 1 版
印 次 2022 年 1 月第 1 次印刷
ISBN 978-7-208-17533-4/C·647
定 价 58.00 元